全国机械行业职业教育优质规划教材（高职高专）

经全国机械职业教育教学指导委员会审定

# 汽车拆装与调整

全国机械职业教育汽车类专业教学指导委员会（高职）组编

主　编　张　健　赵艳杰

副主编　马　伟　刘德涛

参　编　周　恒　雷少梁　余　航　柯尚伟　陈　东

机械工业出版社

本书内容包括整车拆装前期准备，汽车车身装备拆装与调整，仪表台及车辆电器拆装与调整，空调系统总成拆装与调整，发动机总成拆装与调整，制动系统总成拆装与调整，前、后桥总成拆装与调整，悬架总成拆装与调整，共 8 个教学项目、23 个工作任务，最后附有相应的实训工作页，具有很强的系统性和实用性。

本书可作为高职高专院校汽车专业教材，也可作为汽车制造企业、维修企业相关技术人员的参考用书。

本书配有电子课件，**凡使用本书作为教材的教师**可登录机械工业出版社教育服务网 www.cmpedu.com 注册后免费下载。咨询电话：010-88379375。

## 图书在版编目（CIP）数据

汽车拆装与调整/张健，赵艳杰主编. —北京：机械工业出版社，2018.11（2024.2重印）

全国机械行业职业教育优质规划教材. 高职高专

ISBN 978-7-111-61188-2

Ⅰ.①汽… Ⅱ.①张… ②赵… Ⅲ.①汽车-装配（机械）-高等职业教育-教材②汽车-调试方法-高等职业教育-教材 Ⅳ.①U463

中国版本图书馆 CIP 数据核字（2018）第 239370 号

机械工业出版社（北京市百万庄大街 22 号 邮政编码 100037）
策划编辑：蓝伙金 张双国 责任编辑：张双国 蓝伙金 张丹丹
责任校对：王明欣 封面设计：鞠 杨
责任印制：李 昂
北京捷迅佳彩印刷有限公司印刷
2024 年 2 月第 1 版第 4 次印刷
184mm×260mm · 8.5 印张 · 201 千字
标准书号：ISBN 978-7-111-61188-2
定价：24.80 元

# 汽车检测与维修技术专业教材研发小组

## （课题编号：JXHZW20140106）

项目指导　冯　渊　无锡职业技术学院

组　　长　尹万建　湖南汽车工程职业学院

副 组 长　么居标　北京电子科技职业学院

成　　员（按姓氏首字排序）

林振清　湖南机电职业技术学院

罗灯明　湖南汽车工程职业学院

罗新闻　邢台职业技术学院

祁翠琴　河北工业职业技术学院

宋作军　淄博职业学院

徐广琳　长春汽车工业高等专科学校

袁苗达　重庆工业职业技术学院

曾　鑫　武汉软件工程职业学院

张　健　湖北工业职业技术学院

张　军　长春汽车工业高等专科学校

张红英　黄冈职业技术学院

周文海　柳州职业技术学院

联 系 人　蓝伙金　张双国　机械工业出版社

# 丛书序

进入 21 世纪以后，经过十几年的发展，中国汽车产销已从爆炸式增长发展为稳步增长，中国已经成为世界最大的汽车生产国和主要的汽车消费国。中国汽车消费市场从最初的形成和发展走向了逐步成熟，并开始呈现市场结构优化、技术手段升级、营销模式创新和新兴服务领域快速涌现的新型态势。汽车售后服务领域和售后服务人才需求也进入了新常态，表现为：一方面是汽车销售及售后服务业对人才需求旺盛，另一方面是能够适应现代汽车销售市场和售后市场的中高级人才匮乏。

为了给社会培养更多有用的人才，近年来，国内职业院校的汽车维修类专业在迅速扩充规模的同时，积极探索新的人才培养模式，调整课程体系，积极探索行动导向教学法，以满足培养适应新形势下现代汽车售后服务类人才的需要。

这套汽车检测与维修技术专业教材，从市场需要的实际出发，以就业为导向，以实践技能为核心，倡导以学生为本位的培养理念，将综合性和案例性的实践活动转化成教材内容，帮助学生积累经验，全面提高学生的职业实践能力和职业素养，培养真正意义上的"汽车医生"，满足汽车后市场服务领域对具有解决实际问题能力的复合型高等技术技能人才的需要。

本套教材按照汽车售后岗位的职业特点和职业技能要求，务求探索和创新：

1. 注重汽车售后技术岗位对基础知识的要求，强调汽车机械基础、汽车电工电子方面的知识储备，使学生具备基本逻辑思维能力，并力求其具备强劲的发展后劲。

2. 运用先进的课程体系构架，在学生掌握基础知识的基础上，先将各系统的检测诊断按行动导向教学法进行划分，再进行综合故障诊断，以期使学生有完整的思路和方法。

3. 随着汽车技术的不断发展，汽车新技术层出不穷，本套教材将新能源汽车方面的知识和技能纳入其中，以满足学生对新技术的需求。

4. 注重对接汽车维修企业的实践性操作，引入企业的实际案例，实现教学内容与企业实践的无缝对接。

5. 强化职业技能和实操的训练，每个项目除了复习性的思考练习之外，还安排了用于实际操作训练的实践练习项目，以训练学生的实际动手能力。

6. 从能力拓展方面，编写了《汽车保险与理赔》《二手车评估》《汽车维修企业管理》等教材，力求使学生知识全面。

汽车产业是国家支柱产业，汽车售后服务业属于朝阳产业，同时也是一个专业技术极强的业务领域。作为高职高专院校，其目标是培养具有一定的理论基础和较强动手能力的一线应用型技术人才。本套教材紧扣高职高专教育的目标定位，力求实现创新驱动——内容创新、结构创新、形式创新，特色创新——典型案例、行动导向、企业实践。

　　本套教材在全国机械职业教育汽车类专业教学指导委员会的组织引导下，由多所职业院校教师共同参与完成，其间得到了机械工业出版社领导和编辑的支持和指导，是汽车检测与维修技术职业教育领域集体劳动的成果和智慧结晶。在此，谨对付出辛勤劳动的编者表示衷心的感谢。

汽车检测与维修技术专业教材研发小组组长　尹万建

# 前　言

对汽车整车进行拆装与调整是高职高专院校汽车专业学生了解汽车结构、掌握汽车各总成在汽车中的位置及相互连接方式的主要途径，熟练使用拆装工具对汽车各主要总成进行拆装，掌握拆装工艺、调整方法及规范，是高职高专院校汽车专业学生应掌握的基本技能，也是进一步进行专业学习的基础。

本书以东风雪铁龙爱丽舍轿车为对象，以汽车维修职业活动为导向，选取汽车维修职业活动中主要总成拆装与调整的典型工作任务，提炼转化为适合于教学的项目；依据东风雪铁龙爱丽舍轿车维修手册，较系统地介绍了汽车各主要总成的拆装工艺、常用工具及调整规范。本书内容包括 8 个教学项目（23 个工作任务），每个项目都明确了知识、能力、素质要求，每个工作任务都目标明确，内容简练，都能独立实施，能与工作实际有效对接。对于每个工作任务，本书都以丰富的图片和简练的文字阐明了操作方法、工作要求和注意事项，并结合工作任务介绍其相关理论知识，使学生在技能训练的同时，掌握相关理论知识。同时，本书为每一个项目设计了实训工作页，方便教学和学习。

本书虽以东风雪铁龙爱丽舍轿车为对象进行介绍，但对其他品牌轿车也有一定指导作用。本书是编者积累多年教学实践经验编写而成的，特别适合于理实一体化教学或实践指导。

本书由湖北工业职业技术学院张健、赵艳杰任主编，马伟、刘德涛任副主编，参加本书编写的还有周恒、雷少梁、余航、柯尚伟和陈东。

本书在编写过程中参考了大量的国内外技术资料，得到了许多同行的大力支持，在此谨向所有参考资料的作者及支持本书编写的同志们表示感谢。

由于编者水平有限，书中难免存在不妥和疏漏之处，恳请读者批评指正。

编　者

# 目 录

# 整车拆装前期准备

 **学习目标**

- **知识目标**
1）掌握汽车的结构、参数和型号等基本知识。
2）掌握汽车整车拆装与调整的常用工具及使用方法。
3）熟悉汽车整车拆装与调整的安全操作规程。
- **技能目标**
1）能根据拆装任务正确选用工具和设备。
2）能正确选择和熟练使用汽车整车拆装与调整的常用工具。
3）能正确、熟练地使用二柱举升机。
- **素质目标**
1）遵守车间安全规章制度。
2）遵守车间 8S 管理制度。

## 任务一　拆装汽车整车认知

### 一、汽车整车拆装用车辆介绍

本书选用的拆装用整车为东风雪铁龙爱丽舍轿车。其基本配置情况见表 1-1。

表 1-1　东风雪铁龙爱丽舍轿车部分车型的基本配置情况

| 车型 | | RT | RP | RL | AL | AT | EL |
|---|---|---|---|---|---|---|---|
| 发动机 | 型号 | TU3F2/K | TU3JP/K | | | TU5JP/K | |
| | 结构 | 直列 4 缸，水冷横置 | | | | | |
| | 总排量/L | 1.360 | 1.360 | | | 1.587 | |
| | (缸径/mm)×(行程/mm) | 75×77 | | | | 78.5×82 | |
| | 压缩比 | 8.8/1 | 9.3/1 | | | 9.6/1 | |
| | (功率/kW)/[转速/(r/min)] | 49/5400 | 55/5600 | | | 65/6500 | |

（续）

| 车型 | | RT | RP | RL | AL | AT | EL |
|---|---|---|---|---|---|---|---|
| 发动机 | (转矩/N·m)/[转速(r/min)] | 110/3200 | 110/3200 | | | 135/3200 | |
| | 燃油供给方式 | 多点燃油喷射 | | | | | |
| 变速器 | | 5档机械式 | | | | | |
| 转向系统 | 形式 | 机械式 | | 助力转向 | | 机械式 | 助力转向 |
| | 转向机结构 | 齿轮齿条式 | | | | | |
| | 转向盘总圈数 | 4.23 | 4.23 | 3.3 | 3.3 | 4.23 | 3.3 |
| 悬架系统 | 形式 | 四轮独立悬架 | | | | | |
| | 前轴悬架 | 麦弗逊型带三角形臂及横向稳定杆 | | | | | |
| | 后轴悬架 | 纵向横臂型独立悬架，后轴随动转向功能 | | | | | |
| 制动系统 | 形式 | 带真空助力器，X形布置，双管路制动系统 | | | | | |
| | 前制动器 | 实心盘式 | | 通风盘式 | | | |
| | 后制动器 | 鼓式 | | | | | |
| 轮胎 | | 165/70R14 | | | | | |
| 蓄电池 | | 12V-300A | | | | | |
| 发电机 | | 8级 | | | | | |
| 燃油 | | 93号无铅汽油 | | | | | |
| 油箱容量/L | | 51 | | | | | |

注：AL1、ALC1、EL1、ELC1、EX1、EXC1车型装备AL4自动变速器，ABS（防抱死制动系统）为选装件。

东风雪铁龙爱丽舍轿车的外形尺寸如图1-1所示，整车结构尺寸参数见表1-2。

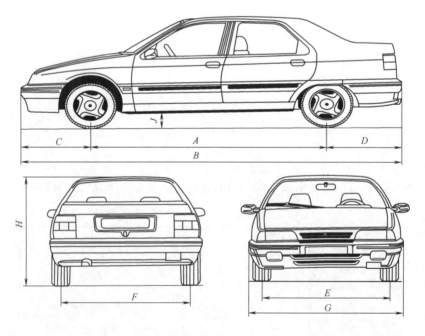

图1-1　东风雪铁龙爱丽舍轿车的外形尺寸

A—轴距　B—总长　C—前悬　D—后悬　E—前轮距　F—后轮距　G—总宽　H—总高　J—离地间隙

表 1-2　爱丽舍轿车整车结构尺寸参数

| 车型 | | RT | RP | RL | AL | AT | EL |
|---|---|---|---|---|---|---|---|
| 车身尺寸/m | 长 | | | 4.071 | | | 4.291 |
| | 宽 | | | 1.702 | | | |
| | 高(空载) | | | 1.425 | | | |
| 轴距/m | | | | 2.540 | | | |
| 轮距/m | 削轮 | | | 1.423 | | | |
| | 后轮 | | | 1.424 | | | |
| 最小离地间隙/mm | | | | 145 | | | |
| 前悬架/mm | | | | 849 | | | 853 |
| 后悬架/mm | | | | 628 | | | 678 |

东风雪铁龙爱丽舍轿车的基本设备见表 1-3。

表 1-3　东风雪铁龙爱丽舍轿车的基本设备

| | |
|---|---|
| 车内设备 | 高度可调整的发泡式转向盘 |
| | 整体式仪表板(带可调方向的通风孔道,前排乘员侧带杂物盒) |
| | 多功能组合仪表盘(车速及里程表、发动机转速表、燃油表及最低油面警告灯、冷却液温度表及冷却液温度警告灯、各种指示灯等) |
| | AM/FM 立体声收放机(具有计算机选台、频率储存、自动翻面及倒带功能) |
| | 高效环保冷暖空调(采用无级变速鼓风机、7 缸压缩机、R134a 制冷剂) |
| | 带头枕的前排安全座椅(前后位置、靠背斜度及头枕高度均可调节) |
| | 前座三点式安全带(上支点高度可调节,带紧急锁止式卷收器) |
| | 无纺布面料成形顶篷内饰板(具有吸声功能,带 3 个安全拉手及衣帽钩) |
| | 前座遮阳板(带化妆镜,可转动) |
| | 乘客舱和行李箱成形植绒地毯 |
| | 复合型门内护板(均带扶手,前门带杂物盒) |
| | 带有密封套的变速杆装饰罩 |
| | 前/后烟灰盒及点烟器 |
| | 前座照明灯/行李箱照明灯 |
| | 可调式车内后视镜 |
| | 仪表照明亮度调节器 |
| | 发动机故障警告灯 |
| | 四喇叭立体声收放机 |
| | 天鹅绒面料座椅 |
| | 后座椅带头枕及中央扶手 |
| | 三位后阅读灯 |
| | 中央控制门锁 |
| | 前、后门窗电动玻璃升降器 |

（续）

| | |
|---|---|
| 外部设备 | 全承载式安全型车身（整体式侧围、底板由 6 根横梁及 4 根纵梁加固，前/后设有足够的防撞缓冲区及折断槽） |
| | 75%车身结构采用镀锌钢板 |
| | 4 个侧门内藏防撞加强横杆 |
| | 带蜂窝形吸能器的前、后保险杠 |
| | 全景夹层风窗安全玻璃，其余为钢化安全玻璃 |
| | 侧门防擦保护条 |
| | 可在车内调节的车外后视镜 |
| | 高密度聚乙烯燃油箱及带锁油箱盖 |
| | 可拆卸式天线 |
| | 355mm 无内胎子午线轮胎 |
| | 带金属嵌条的保险杠 |
| | 淡绿色防紫外线玻璃 |
| | 铝全金轮辋 |
| | 第三制动灯 |
| | 事故自动停止供油惯性开关 |
| 其他电器及操纵设备 | 抛物面反射镜式卤素前照灯 |
| | 整体式组合型尾灯（转向信号灯、制动信号灯、倒车灯、示廓灯、后防雾灯） |
| | 前转向信号灯/侧面转向信号灯 |
| | 前风窗玻璃间歇、双速式单臂刮水器及洗涤器 |
| | 后窗除霜电阻加热丝 |
| | 带有安全挂钩的内开式发动机盖锁 |
| | 两侧后门（带儿童安全保护锁） |
| | 灯光未关警报器 |
| | 双音频电喇叭 |

## 二、汽车整车拆装用车辆主要技术参数

东风雪铁龙爱丽舍轿车主要紧固部件的拧紧参数见表 1-4。

表 1-4　东风雪铁龙爱丽舍轿车主要紧固部件的拧紧参数

| 连接部件 | 拧紧力矩/N·m | 拧紧位置数 |
|---|---|---|
| 曲轴正时齿轮-曲轴 | 110 | 1 |
| 曲轴传动带轮-曲轴正时齿轮 | 8 | 3 |
| 曲轴主轴承盖-与缸体 | 20+49° | 10 |
| 连杆轴承盖-连杆体 | 40 | 8 |
| 飞轮-曲轴 | 65+防松剂 | 6 |
| 凸轮轴正时齿轮-凸轮轴 | 80 | 1 |
| 凸轮轴止动片-气缸盖 | 16 | 1 |

| 连接部件 | 拧紧力矩/N·m | 拧紧位置数 |
|---|---|---|
| 分电器-分电器支座 | 8 | 2 |
| 分电器支座-气缸盖 | 8 | 5 |
| 气缸盖-气缸体（缸盖螺栓） | 20+120°+120° | 10（按规定的顺序拧紧） |
| 气门间隙调整螺母（摇臂螺母） | 18 | 8 |
| 火化塞 | 28 | 4 |
| 油底壳-气缸体 | 8+密封胶 | 19 |
| 机油泵-气缸体 | 8 | 3 |
| 油底壳放油螺塞 | 30 | 1 |
| 发动机左悬置支架-变速器 | 18 | 3 |
| 发动机左悬置软垫总成-发动机左悬置支架 | 38 | 1 |
| 发动机右悬置支架-发动机机体 | 45 | 3 |
| 发动机右悬置支架-发动机右悬置软垫总成 | 45 | 1 |
| 右传动轴中间支撑座-发动机机体 | 40 | 4 |
| 抗力矩连接吊耳-右传动轴中间支撑座 | 70 | 1 |
| 抗力矩连接吊耳-前托架 | 95 | 1 |
| 排气歧管-前排气管 | 30 | 3 |
| 前排气管-中排气管 | 10 | 2 |
| 中排气管-后消声器 | 20 | 1 |
| 散热器出水口下堵塞 | 35 | 1 |
| 节温器处放气螺塞 | 18 | 1 |
| 正时带张紧轮-气缸体 | 23 | 1 |
| 发电机上固定点螺栓 | 37 | 1 |
| 发电机下固定点螺栓 | 16 | 1 |
| 水泵-发动机机体 | 16 | 2 |
| 变速器总成-发动机机体 | 35 | 4 |
| 起动机-变速器前体 | 16 | 3 |
| 变速器换档机构联接螺栓 | 17 | 4 |
| 蓄电池支撑板固定螺栓 | 25 | 4 |
| 传动轴-前轮毂 | 325 | 2 |
| 传动轴中间支撑偏头螺栓 | 10 | 2 |
| 转向节球形接头-三角臂 | 45 | 2 |
| 转向节球形接头-转向节 | 40 | 2 |
| 转向节-减振器下端 | 55 | 2 |
| 前减振器轴-前悬架上支座 | 45 | 2 |
| 前悬架上支座-车身 | 25 | 6 或 8 |
| 车轮辐-车轮毂 | 90 | 16 |

（续）

| 连接部件 | 拧紧力矩/N·m | 拧紧位置数 |
|---|---|---|
| 三角臂前胶套轴-前托架 | 60 | 2 |
| 三角臂后胶套支架-前托架 | 55 | 2 |
| 前横向稳定杆-连接杆 | 40 | 2 |
| 连接杆-前减振器 | 40 | 2 |
| 前托架-车身 | 84 | 6 |
| 后减振器上吊耳 | 75 | 2 |
| 后减振器下吊耳 | 120 | 2 |
| 后轮轮毂螺母 | 200 | 2 |
| 后轴前弹性铰节-车身 | 45 | 4 |
| 后轴后弹性铰节-车身 | 55 | 2 |
| 扭力杆轴向尺寸调节螺钉 | 20 | 2 |
| 转向机总成-前托架 | 40 | 2 |
| 转向机球头销螺母 | 35 | 2 |
| 转向机输入轴-万向节 | 25 | 1 |
| 转向柱万向节-连接轴 | 25 | 1 |
| 万向节螺栓 | 23 | 6 |
| 转向柱-转向柱支座 | 17 | 4 |
| 制动总泵-真空助力器 | 10 | 2 |
| 真空助力器-踏板机构 | 20 | 4 |
| 踏板机构-车身前围板 | 5 | 6 |
| 制动踏板臂上支点 | 25 | 1 |

东风雪铁龙爱丽舍轿车常用各种油液的牌号及用量见表1-5。

表1-5　东风雪铁龙爱丽舍轿车常用各种油液的牌号及用量

| 品名 | PSA推荐牌号 | 中国牌号 | 每车用量 |
|---|---|---|---|
| 发动机机油（四季） | TOTAL10W/40 | 10W/40（APISF级） | 3.5L |
| 变速器油 | | ESSO EZL848（GL-575W/80W） | 1.9L |
| 自动变速器油 | ESSO LT71141 | | 6.0L |
| 制动液 | TOTAL HBF4 | 4606合成制动液 | 0.55L |
| 冷却液 | CITROEN ANTIGEL | BP procor 3000 | 6.5L |
| 润滑脂 | TOTAL MULTIS EP2 | 7002润滑脂 | 0.34kg |
| 汽油 | 95号（RON） | 95号（RON） | 51L |
| 风窗玻璃清洗剂 | | 风窗玻璃清洗剂 | 3.0L |
| 空调制冷剂 | TROEN R134a | 制冷剂R143a | 0.95kg |
| 动力转向液 | ESSO ATFD | ESSO ATFD | 1.0L |

## 任务二　整车拆装常用工具及使用注意事项

### 一、常用举升机的类型及使用注意事项

#### 1. 举升机的类型

举升机的作用是在对汽车进行检查、维护、维修、保养和拆装等作业时，将汽车举升到相应的工作位置。常用举升机的类型有龙门式、四柱式、剪式和四轮定位专用举升机，如图1-2~图1-5所示。

图1-2　龙门式举升机

图1-3　四柱式举升机

图1-4　剪式举升机

图1-5　四轮定位专用举升机

#### 2. 举升机的使用注意事项

1）只有经过培训上岗的人员或被授权的人员才可以操作举升机。

2）使用举升机前应检查举升机的工作状况，当举升机发生故障或处于不安全状态时，禁止使用，在维修人员进行检修后才可使用。

3）严禁举升机超负荷承载。

4）举升时，应将举升机的4个托盘接触到汽车生产厂家建议的托举点处，并使汽车支撑面与托盘接触良好。当汽车举升到离地150~200mm后，晃动汽车，检查汽车是否停稳。

在确定汽车已安全定位后，继续按上升按钮，直到汽车被举升到工作位置。

5）在举升过程中，注意观察汽车是否平稳，如果有异常，应立即停机。

6）在举升过程中，严禁人员在被举升的汽车内和举升区域内。

7）托举汽车后，应使举升机的安全装置处于锁止状态。

8）在将汽车驶进或驶离举升工位之前，应将托臂置于张开的位置上，确保立柱之间无障碍物。车辆小心驶入、驶出，以防损坏举升机和汽车。

9）保持举升区域无障碍物及碎屑等，及时将溅出的油污等清除干净。

10）进行车底作业时，应挂警示牌示意。

11）不使用举升机或进行举升机维修作业时，应将电源断开。

## 二、发动机小吊车的使用方法与注意事项

图1-6所示为发动机小吊车，其主要作用是将发动机安全、快速、高效地从汽车发动机舱内吊取出来。其使用注意事项如下：

1）当吊物件时，严格按吊车规定起吊重量吊运，不得超载吊装。

2）物件起吊后，严禁长时间停留在吊臂上，最长不得超过1h，用完及时放下吊臂。

3）小吊车只用来起吊物件用，不得当作运输工具。

4）要水平移动吊车时，必须有人扶住吊装物品，移动时要慢、要稳。

5）吊车不得停在坡道上。

6）当起吊物件时，应根据物件重量，调整好吊臂长度，并锁好保险销；应将支撑螺杆（受力处）支牢后再吊起，应找准方位，固定好定位销再起吊，不可吊着物件进行全方位大旋转。

图1-6　发动机小吊车

7）经常检查，加强日常保养，保持小吊车安全、卫生。

8）工作完毕，收好支撑螺杆，擦拭干净后放回原处。

## 三、卧式千斤顶的使用方法与注意事项

图1-7所示为卧式千斤顶。在车辆维修中，卧式千斤顶的主要作用是作用于车辆顶举点，顶举起车辆。其使用注意事项如下：

1）千斤顶一定要摆放在坚硬平坦的地面上。如果汽车坏在了松软的地面或沙石中，可以使用质地坚硬的木板垫在千斤顶下以保证千斤顶的支撑角度。不

图1-7　卧式千斤顶

同环境方法不一样，但一定要保证千斤顶的稳妥。

2）每辆车的侧裙内侧都有与侧裙平行的千斤顶的支撑点，用手就可以摸到。在使用千斤顶时，一定要支撑在专用的支撑点上，支撑点一般都做了加强处理。其他部位像发动机下护板、悬架的下摆臂等，由于本身强度较低，都要避免用千斤顶进行支撑。另外，若出现打滑，容易造成不必要的损伤。

3）使用千斤顶时通常是采用手摇式进行举升，在使用时用力一定要均匀，切记过快、过猛。特别是在刚与车身接触的时候，一定要确认千斤顶的位置和稳固性，若是用力过猛容易使千斤顶与支撑点错位。

4）切勿超负荷使用。

## 四、扭力扳手的使用方法与注意事项

图1-8所示为扭力扳手，它可以显示拧紧螺母时的扭矩值。

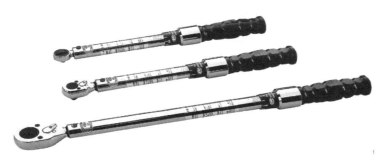

图 1-8　扭力扳手

### 1. 扭力扳手的使用方法

扭力扳手施加扭矩的过程如图1-9、图1-10所示。用扭力扳手施加扭矩时，通过与扭力扳手的棘轮头稳固连接的套筒连接需要施加扭矩的螺母/螺栓，手掌握在扭力扳手手柄上的有效刻度线，顺时针或逆时针加力，这个力带动螺母/螺栓，当螺母/螺栓紧固并且所带的扭矩与扭力扳手设定的扭矩相等时，扭力扳手的棘轮带动扭力扳手的头部，把扭矩传递到触发

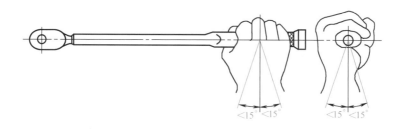

图 1-9　施加扭矩方向

图 1-10　有效线的位置

9

器，触发器向右侧滑动（卸力）。当滚柱碰到管后，会发出"咔嗒"声，听到声音后立即停止加力，取下扭力扳手，即完成施加扭矩过程。

2. 注意事项

1）扭力扳手不能作为锤子和杠杆使用。

2）扭力扳手不能和加长套筒结合使用，如图 1-11 所示。

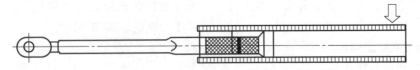

图 1-11　加长套筒（错误）

3）扭力扳手的检定、周校。重复性是指同一把扭力扳手在相同条件下，多次检测同一转矩值时，检测结果的一致性。常用扭力扳手的精度为 4%，在检测扭力扳手时，超过 4% 的范围即视为扭力扳手失准。扭力扳手失准主要有以下两个原因：

a. 扭力扳手突变（卡死或重复性差）。由于扭力扳手长时间、高频率地使用，内部零件受到磨损，变形，致使转矩发生突变。

b. 扭力扳手的漂移。由于扭力扳手的量值是依靠弹簧传递的，在频繁的使用中，会产生一些漂移。

4）扭力扳手应定期进行保养。由于工作环境不理想、粉尘、潮湿等原因造成扭力扳手内部零件淤积，或因频繁使用而使内部零件磨损，会引起扭力扳手示值不稳定，所以应定期进行保养。

## 五、液压式高位举升机的使用方法与注意事项

图 1-12 所示为液压式高位举升机，其主要作用是利用举升机的托举功能，从车辆下方将动力总成、车桥总成等托举拆卸，是总成拆卸的主要工具。其正确使用方法如下：

1）用柱式或剪式举升机将汽车举升到一定高度。

2）将液压式高位举升机推入汽车下面，并将液压式高位举升机升到合适位置，拆下需维修的物件（如变速器、发动机、传动轴、前桥、后桥等）放于托架中心，然后用钢链系牢物件，打开卸荷阀，将托架和物件放到底位。

3）推动液压式高位举升机到所需位置，用吊车将物件吊下维修。

4）物件维修好后，用吊车将物件吊起放于托架中心，用钢链将物件系牢，推动液压式高位举升机到汽车下适当位置。

图 1-12　液压式高位举升机

5）关闭卸荷阀，踩动油泵，将物件举升到合适位置后安装物件。如果物件位置不对，可以移动液压式高位举升机或通过托架下面的调节手轮进行调节。

# 汽车车身装备拆装与调整

## 学习目标

- **知识目标**

1）了解汽车车身装备的构成和各部件的连接关系。

2）掌握汽车车身装备拆装与调整的工艺流程和技术标准。

3）了解汽车车身装备拆装与调整的注意事项。

- **技能目标**

1）能正确、熟练地使用汽车车身装备拆装与调整所用的工具。

2）能按照企业作业标准对汽车车身装备进行拆卸、安装和调整。

- **素质目标**

1）遵守车间安全规章制度。

2）遵守车间 8S 管理制度。

3）培养环保意识，合理处理工作废料。

4）培养团队意识、协作精神。

## 任务一　汽车车身装备拆装前期准备

### 一、汽车车身装备的基本构成

爱丽舍轿车前部车身装备主要由发动机舱盖、翼子板、前保险杠、前照灯和雾灯等组成。后部车身主要由后保险杠、行李箱以及后部灯光总成等部分组成。其具体结构如图 2-1 所示。

### 二、汽车牵引和举升

#### 1. 汽车牵引点

爱丽舍汽车前、后共有两个牵引点，如图 2-2 所示。当牵引汽车时，必须将拖挂绳或其他牵引工具固定于牵引点，否则将破坏汽车车身部件。

图 2-1 前、后部车身装备

牵引点　　　　　　　　　　　　　　牵引点

图 2-2 前、后部牵引点

2. 举升

（1）前部举升　如果只需要将车辆的前部举升起来，则如图 2-3 所示，利用卧式液压千斤顶顶住车辆前车架部分，将车辆举升。前部举升必须顶在此位置，其他部位将造成车身损坏。

（2）后部举升　如图 2-4 所示，利用卧式液压千斤顶顶住车辆后车桥部分，将车辆后部

图 2-3 前部举升点　　　　　　　图 2-4 后部举升点

举升。举起时注意举升高度，以免撞坏后保险杠。

（3）侧部举升　侧部举升主要是在维修车辆时，利用双柱举升机举升车辆的举升点，如图 2-5 所示。

图 2-6 和图 2-7 所示为侧部举升点②的使用。当利用卧式举升机举升车辆时，应在下部垫上木塞后将车辆举升；图 2-7 所示为用随车千斤顶举升。图 2-8 所示为侧部举升点①的使

举升点①　　支撑点　举升点②

图 2-5　侧部举升点

图 2-6　侧部举升点②的使用（一）

图 2-7　侧部举升点②的使用（二）

图 2-8　侧部举升点①的使用

用。举升车辆必须使用上述举升点，否则将会造成车身的严重损坏。

### 三、汽车车身装备拆装与调整安全注意事项

1）拆卸发动机舱盖时，应两人配合完成。拆卸安装螺钉时，应防止螺纹滑丝。

2）拆卸前保险杠时，注意保险杠固定螺钉及卡扣。如果有损坏，应及时更换。

3）拆卸灯光总成时，应先关闭点火开关，断开蓄电池负极电缆。

4）灯光安装时，需检查是否所有灯都能正常工作。

5）拆卸前翼子板时，应注意右侧玻璃清洗液储液罐的连接。

## 任务二　发动机舱盖、行李箱盖的拆装与调整

### 一、发动机舱盖的拆装与调整

#### 1. 发动机舱盖的拆装与调整技术标准

爱丽舍轿车发动机舱盖通过铰链与车身前部连接，其中铰链与发动机舱盖连接处有 6 个螺钉，发动机舱盖的位置调整也通过 6 个螺钉来完成，通过调整发动机舱盖的位置，使发动机舱盖与前翼子板、前照灯的间隙达到技术标准。

#### 2. 发动机舱盖的拆卸

1）拉动驾驶室发动机舱盖拉锁。

2）拨动发动机舱盖前锁止拨片，打开发动机舱盖。

3）可靠支撑发动机舱盖。

4）拆卸前风窗玻璃洗涤器水管，如图 2-9 所示，将图中螺钉 3 拆卸下来。

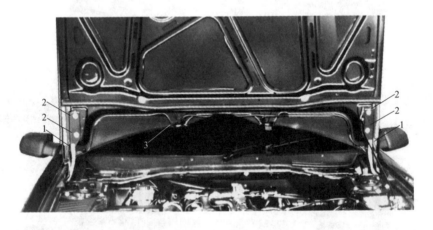

图 2-9　爱丽舍轿车发动机舱盖

5）使用棘轮扳手配合 10 号套筒，拆卸螺钉 1，拆除搭铁线连接。

6）使用棘轮扳手配合 10 号套筒，拆卸螺钉 2 和 1。

7）两人配合拆下发动机舱盖。

8）拆卸装饰条上的固定铆钉，将凸耳卡扣从孔中脱出，如图 2-10 所示。

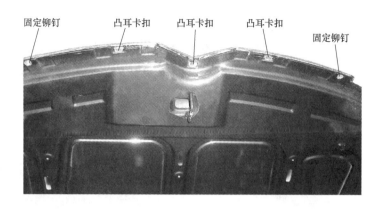

图 2-10　拆卸发动机舱盖固定铆钉

3. 发动机舱盖的安装

1）两人配合安装发动机舱盖。

2）使用棘轮扳手配合 10 号套筒，安装发动机舱盖固定螺钉 2、3（图 2-9）。

3）使用棘轮扳手配合 10 号套筒，安装螺钉 1，安装搭铁线连接。

4）安装前风窗玻璃洗涤器水管。

5）调整发动机舱盖位置。

4. 发动机舱盖的调整

安装完发动机舱盖后，通过图 2-9 中螺栓 2 调整发动机舱盖间隙，使发动机舱盖与前翼子板、前照灯的间隙达到标准，如图 2-11 所示。①处标准值为（7±1.5）mm；②处标准值为（4.5±1.5）mm；③处标准值为（3±1.5）mm。

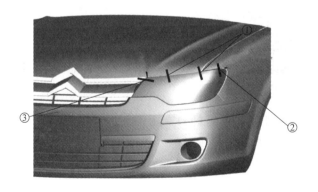

图 2-11　发动机舱盖间隙调整

二、行李箱的拆装与调整

1. 推荐使用的工具

行李箱拆卸过程中，对于一些塑料销钉，可以使用拆卸塑料销钉专用钳子等专用工具进行拆卸，如图 2-12 所示。

项目二　汽车车身装备拆装与调整

2. 行李箱的拆卸

1）拆下两个牌照灯，脱开线束。

2）拆卸行李箱电动门锁塑料销钉，如图 2-13 所示，拆卸行李箱盖电动门锁装饰板。

图 2-12　拆卸塑料销钉的钳子

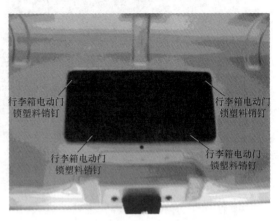

图 2-13　行李箱塑料销钉

3）拆卸行李箱电动门锁螺母，如图 2-14 所示。拆卸行李箱电动锁驱动器和电动锁驱动器支架，脱开电动锁驱动器插头，如图 2-15 所示。

图 2-14　行李箱电动门锁螺母

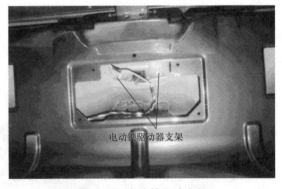

图 2-15　电动锁驱动支架

4）拆卸行李箱支撑。用塑料销钉拆卸专用工具拆卸塑料销钉，脱开卡扣，拆下护套，将整个行李箱支撑取下，如图 2-16 所示。

5）将牌照灯线束和电动锁驱动器线束与行李箱盖分离，从孔取出牌照灯线束和电动锁驱动器线束，取下螺钉，如图 2-17 所示。

6）将牌照灯线束和电动锁驱动器线束与行李箱盖分离。从孔中取出牌照灯线束和电动锁驱动器线束。

3. 行李箱的安装

按照与拆卸相反的顺序进行安装。

注意：安装完毕后，务必检查牌照灯和电动锁驱动器是否正常工作。

4. 行李箱的调整

通过图 2-18 中螺钉调整行李箱盖和后翼子板的间隙，以及行李箱锁的啮合。通过图

2-19中弹簧挂钩在槽口中的位置调整平衡弹簧力的大小，保证行李箱盖能自动翻起。

图 2-16　行李箱销钉

图 2-17　行李箱螺钉

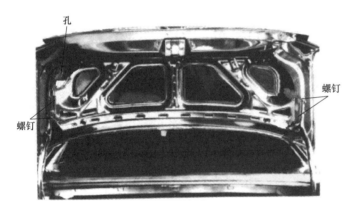

图 2-18　行李箱线束

图 2-19　行李箱平衡弹簧

# 任务三　前、后保险杠的拆装

## 一、前保险杠的拆装与调整

### 1. 前保险杠的拆卸

1）将车辆放在举升机上，轮胎轻微离地。

2）拆卸 4 个螺钉，如图 2-20 所示，拆卸塑料销钉。

3）将车辆举升至高处适当位置。如图 2-21 所示，拆卸螺栓后拆卸螺钉 1，将排水板拿下，再拆卸螺钉 2。

4）拆卸螺钉（图 2-22，左右各一）。从 a 处松开卡扣（左右两侧），平行朝前拖出前保险杠，断开前雾灯插接器，将前保险杠拆卸。

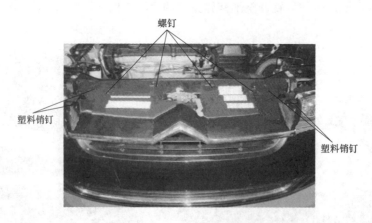

螺钉

塑料销钉

塑料销钉

图 2-20　车辆前保险杠螺栓

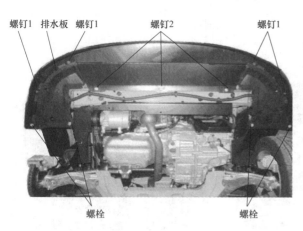

螺钉1　排水板　螺钉1　　螺钉2　　　螺钉1

螺栓　　　　　　　　螺栓

图 2-21　车辆前保险杠底部螺栓（一）

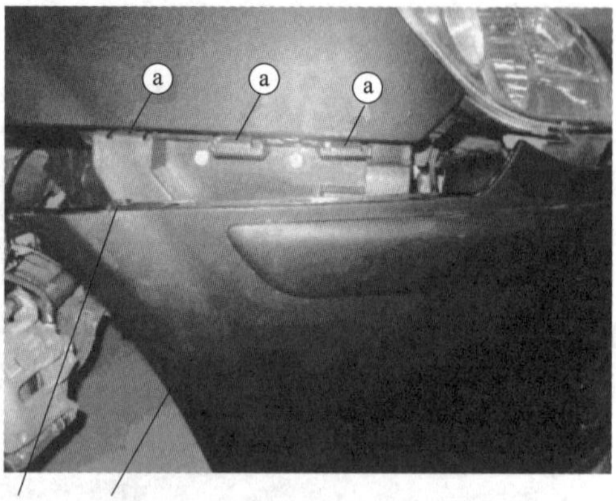

a　　a　　a

螺钉　前保险杠

图 2-22　车辆前保险杠底部螺栓（二）

**2. 前保险杠的安装**

按照与拆卸相反的顺序进行安装。如有必要，更换新的塑料销钉。

## 二、后保险杠的拆装

**1. 后保险杠的拆卸**

1）拆卸后保险杠螺栓，拆卸后尾灯，如图 2-23 所示。拆卸螺栓（左右各一个），拆卸塑料销钉（左右各一个）。

2）拆卸后保险杠螺钉与螺栓，如图 2-24 所示，拆卸螺栓和螺钉。

3）拆卸后保险杠螺钉（左右各一），将保险杠拆下。如图 2-25 所示，从 a 处松开卡扣（两边），平行朝后拖出保险杠。

4）拆卸后保险杠塑料销钉，取下上护板，如图 2-26 所示。

5）断开插接器插头，如图 2-27 所示，拆掉后保险杠。

6）拆卸螺钉。如图 2-28 所示，拆卸后保险杠骨架，拆卸铆钉（左右各一），最后将吸能器（左右各一）拆下。

螺栓　　　　塑料销钉

图 2-23　拆卸后保险杠螺栓（一）

螺栓

螺钉　　　　　　　　　　　　　螺钉

图 2-24　拆卸后保险杠螺栓（二）

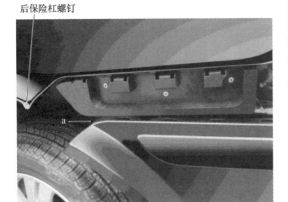

后保险杠螺钉

a

图 2-25　拆卸后保险杠螺栓（三）

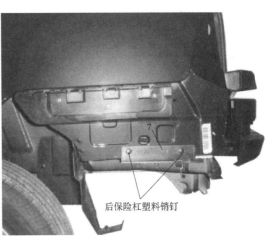

后保险杠塑料销钉

图 2-26　拆卸后保险杠螺栓（四）

插接器插头

图 2-27　后保险杠插接器

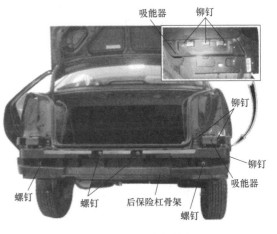

吸能器　　铆钉

铆钉

铆钉

吸能器

螺钉　　　螺钉　　后保险杠骨架　　螺钉

图 2-28　后保险杠骨架

2. 后保险杠的安装

按照与拆卸相反的顺序进行安装。如有必要，更换新的塑料销钉。

# 任务四　前、后灯光总成拆装与调整

## 一、前部灯光总成的拆装

### 1. 前照灯总成的拆装

（1）前照灯总成的拆卸

1）因前照灯总成与前保险杠连接在一起，拆卸前照灯总成时需先拆卸前保险杠总成。

2）前保险杠拆卸后，如图 2-29 所示，拆卸螺栓。

3）拆卸前照灯总成线束。

4）拆掉前照灯（左、右两侧拆卸方法相同）。

（2）前照灯总成的安装　按照与拆卸相反的顺序进行安装。

### 2. 前照灯总成调整

安装完前照灯后，应检查灯光照射高度和光束。如果不符合技术标准，需对前照灯照射角度和光束进行调整。

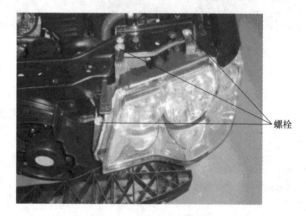

图 2-29　前照灯总成螺栓

前照灯技术标准如下：

1）近光光束照射位置：其水平方向位置向左、向右均不得大于 100mm。

2）远光光束照射位置：其左灯向左偏不得大于 100mm，向右偏不得大于 170mm；右灯向左或向右偏均不得大于 170mm。

爱丽舍轿车前照灯照射高度调节旋钮在驾驶舱左侧，如图 2-30 所示。

为避免造成对向司机炫目，可根据车内负载对前照灯的光束高度进行调整。

图 2-30 中，0：空载，1：轻载，2：中载，3：满载。新车出厂状态设为 "0"。

前照灯光束的调整方法有两种，一种是使用灯光检测仪调整前照灯，另一种是常规的检测方法。爱丽舍轿车前照灯拆卸下来后，用常规检测光束即可。在进行光束调整前，首先需要检查以下项目：

1）所有的轮胎胎压保持正常压力。

2）将车辆停放在平整的地面上。

3）在驾驶室内乘坐 1 人或将 60kg 的重物放在驾驶人位置上，不要在车上放置任何载荷，燃油箱要装满。

4）使车辆前部对幕墙保持一定距离（正面相对 10m），如图 2-31 所示。

接通灯光开关，利用十字型螺钉旋具旋转前照灯总成上的上下调整螺钉和左右调整螺钉，对其光束进行调整，如图 2-32 所示。调灯时，以一只灯为单位调整，首先遮蔽其他前

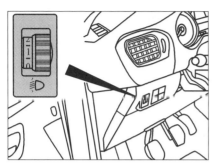

图 2-30　前照灯照射高度调节

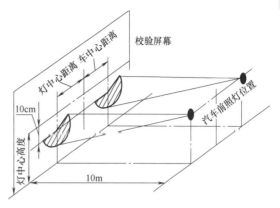

图 2-31　前照灯光束调整距离

照灯；然后拧动上下、左右光束调整螺钉，使主光束（光度最高点）处于规定高度；前照灯上下、左右调整时，必须拧入调整。若需拧松调节时，应完全拧松后再拧入调整。将前照灯按照技术标准调整好即可。

前照灯安装完后，应检查前照灯与发动机舱盖之间的间隙。该间隙应符合技术标准要求。

图 2-32　前照灯上下调整螺钉

A—左侧前照灯高度调整螺钉　B—右侧前照灯高度调整螺钉

3. 前雾灯总成的拆装

（1）前雾灯总成的拆卸

1）将车辆举升至合适位置。

2）拆卸下底板处螺栓，如图 2-33 所示，拆卸螺钉。

3）拆下下护板。

4）拿下下护板后，可看到如图 2-34 所示，拆卸螺栓，拔下前雾灯插接器插头，取下前雾灯总成。

（2）前雾灯总成的安装　按照与拆卸相反的顺序进行安装。

二、后部灯光的拆装

1. 后尾灯总成的拆装

（1）后尾灯总成的拆卸

螺钉

下护板

螺钉

图 2-33　拆卸下护板

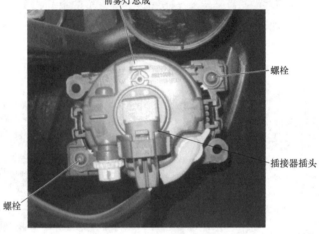

前雾灯总成

螺栓

插接器插头

螺栓

图 2-34　拆卸前雾灯总成

1）打开行李箱盖，拆卸左、右两侧内饰毡垫楔形垫块螺栓及塑料螺钉、行李箱杂物盒，翻开内饰毡垫，如图 2-35 所示。

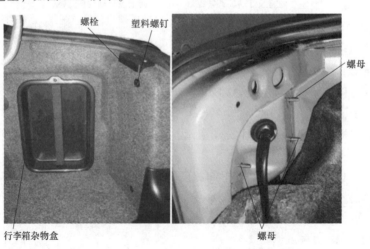

螺栓　　塑料螺钉

螺母

行李箱杂物盒

螺母

图 2-35　后尾灯螺母

2）从行李箱内拧下螺母。

3）拆下尾灯总成。

4）脱开后尾灯线束插接器。

（2）后尾灯总成的安装　按照与拆卸相反的顺序进行安装。

注意：检查所有灯是否都能正常工作。

2. 高位制动灯的拆装

（1）高位制动灯的拆卸

1）打开行李箱盖，拆卸蝶形螺母，如图 2-36 所示。

2）拆卸第三制动灯。

3）脱开插接器。

（2）高位制动灯的安装　按照与拆卸相反的顺序进行安装。注意：检查灯是否能正常工作。

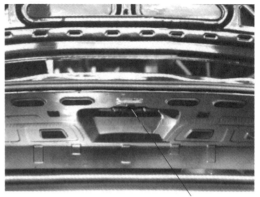

蝶形螺母

图 2-36　高位制动灯螺母

3. 行李箱照明灯的拆装

（1）行李箱照明灯的拆卸

1）观察行李箱照明灯，其两侧有两个缺口，从小缺口的位置向大缺口一边推，灯会有少许移动，如图 2-37 所示。

2）用一字螺钉旋具在小缺口处向外拨，即可使行李箱照明灯与车身件分离。注意：当使用一字螺钉旋具时，注意不要撬坏行李箱灯罩边缘。

3）脱开线束，取下行李箱照明灯总成。

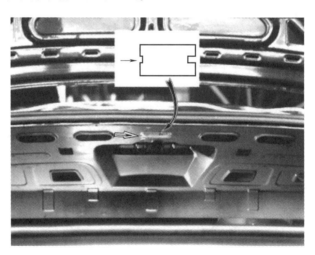

图 2-37　行李箱照明灯缺口移动方向

（2）行李箱照明灯的安装

1）将小缺口一边先安放于车身下灯孔内。

2）轻按大缺口一边即可将灯安装到位。

# 项目三 仪表台及车辆电器拆装与调整

## 学习目标

- **知识目标**

1) 了解汽车仪表及仪表台、车辆电器及线束的构成和各部件的连接关系。

2) 掌握仪表台及电器装备拆装与调整的工艺流程和技术标准。

3) 了解汽车仪表台及电器装备拆装与调整的注意事项。

- **技能目标**

1) 能正确、熟练地使用汽车仪表台及电器装备拆装与调整所用的工具。

2) 能按照企业作业标准对汽车仪表台及电器装备进行拆卸、安装和调整。

- **素质目标**

1) 遵守车间安全规章制度。

2) 遵守车间 8S 管理制度。

3) 培养环保意识，合理处理工作废料。

4) 培养专注、认真、一丝不苟的工作态度。

## 任务一  组合仪表及副仪表拆装

### 一、组合仪表总成的拆装

1. 组合仪表总成的拆卸

1) 拆卸蓄电池负极电缆。

2) 拆卸图 3-1 中所示收音机部件。

① 准备收音机拆卸专用工具，如图 3-2 所示。

② 将收音机拆卸专用工具插入图 3-3 中孔中，将收音机缓慢向外拉出。

③ 将收音机后部各插接器断开，拆下收音机。

3) 拆卸图 3-1 中所示转向盘总成部件。

① 检查仪表板上安全气囊指示灯是否正常，指示灯先亮后灭。

图 3-1　拆卸驾驶舱内部件

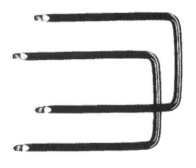

图 3-2　收音机拆卸专用工具

图 3-3　拆卸收音机

② 拔出点火开关钥匙。

至少等 2min，如果安全气囊指示灯运行不正常，等待 10min。

③ 拆卸图 3-4 中安全气囊背面两处螺栓，翻开转向盘安全气囊。

④ 拆卸安全气囊连接电线插头、橘黄色插接器和黑色搭铁线。移开安全气囊，妥善放置。

⑤ 拆卸图 3-5 中转向盘中央固定螺栓，拆卸转向盘。

4）拆卸转向盘转向柱下护罩。

5）拆卸图 3-6 所示螺栓 1。

6）拆卸图 3-6 所示螺栓 2、3、4。

7）取下烟灰盒、变速杆护罩和仪表板中控台面罩。

8）取下图 3-6 所示点烟器及其支架，断开后部线束。

9）拆下图 3-7 所示螺钉。

10）拆卸图 3-7 所示仪表板外壳。

11）断开图 3-7 所示紧急报警开关线束。

12）拆下图 3-8 所示螺钉。

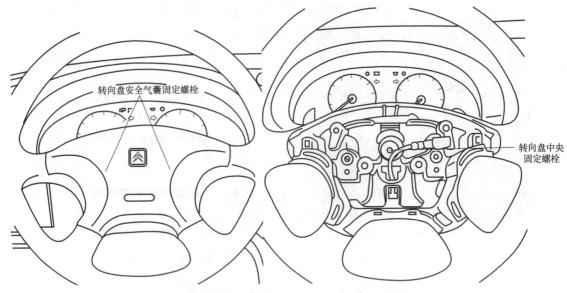

图 3-4　转向盘安全气囊固定螺栓　　　　　图 3-5　转向盘中央固定螺栓

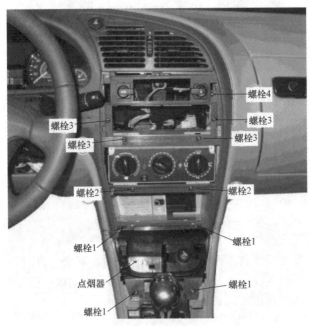

图 3-6　中控仪表板

13）拆卸图 3-8 所示组合仪表。断开组合仪表线束，拆下组合仪表。

2. 组合仪表总成的安装

按照与拆卸相反的顺序进行安装。安装转向盘时按以下工艺进行：

1）将车轮正对正前方。

2）保证转向盘的辐条对正，安装转向盘。

3）在转向盘中央固定螺栓上涂抹"E3"紧固胶，用 33N·m 的力矩拧紧螺栓。

4）连接安全气囊插接头，安装安全气囊，用 8N·m 的力矩拧紧螺栓。

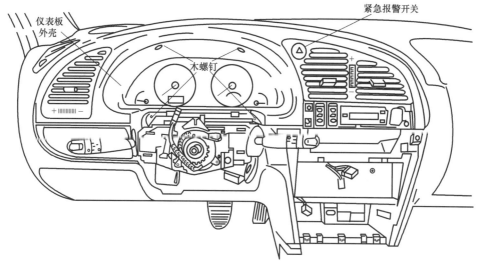

图 3-7 中控仪表板整体

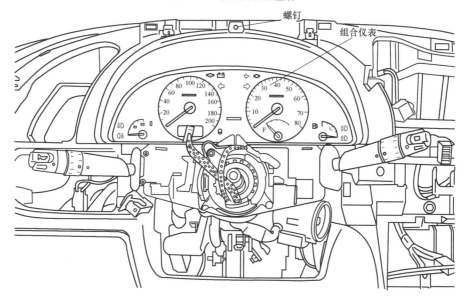

图 3-8 中控仪表

## 二、副仪表总成的拆装

### 1. 副仪表总成的拆卸

1）拆卸图 3-6 所示螺栓 1。

2）拆卸图 3-6 所示螺栓 2、3、4。

3）取下图 3-9 所示烟灰盒、变速杆护罩和仪表板中控台面罩。

4）取下图 3-6 所示点烟器及其支架，断开后部线束。

5）拆卸图 3-9 所示驻车制动面板。

6）拆卸图 3-9 所示螺钉。

7）拆卸图 3-10 所示副仪表板与仪表板托架的联接螺栓。

8）拆卸图 3-9 所示副仪表板。

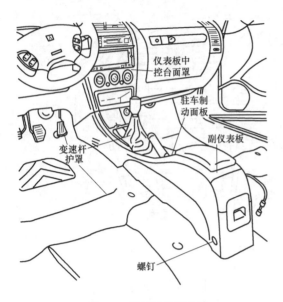
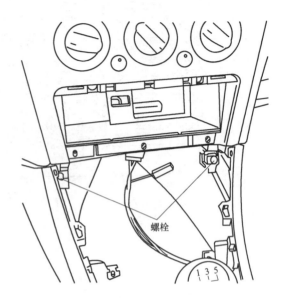

图 3-9　拆卸副仪表面板　　　　　图 3-10　副仪表板与主仪表面板联接螺栓

2. 副仪表总成的安装

按照与拆卸操作相反的顺序进行安装。螺钉应拧紧，无力矩要求。

## 三、仪表板总成的拆装

1. 仪表板总成的拆卸

1）拆卸图 3-11 所示发动机舱内螺钉。

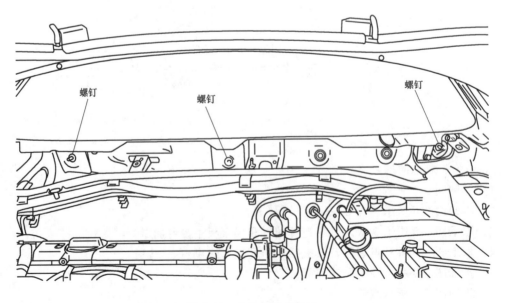

图 3-11　发动机舱内螺钉

2）在驾驶舱内拆卸仪表面板及副仪表板，参照前文所述。

3）拆卸图 3-12 所示仪表台外侧螺栓。

4）脱开图 3-13 所示发动机舱盖开启手柄。

5）拆卸组合开关。

6）拆卸同暖风总成上部联接螺栓 1。

7）拆卸同暖风总成侧部联接螺栓 2。

8）拆卸同暖风总成下部联接螺栓 3。

9）脱开仪表板与各部件的连接线束。

10）拆卸仪表板总成。

**2. 仪表板总成的安装**

按照与拆卸操作相反的顺序进行安装。安装应到位，螺栓无力矩要求。

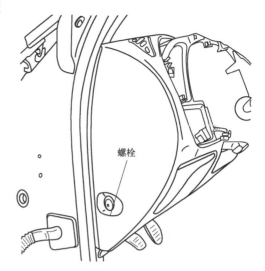

图 3-12　仪表台外侧

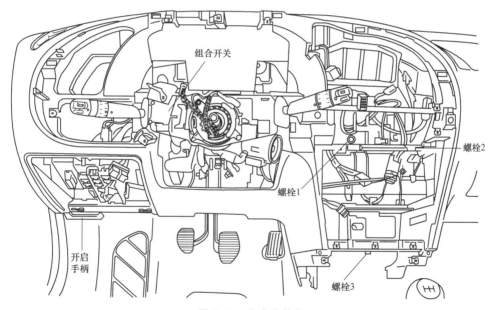

图 3-13　仪表台整体

# 任务二　车辆电器的认知与拆装

## 一、汽车电器拆装注意事项

### 1. 蓄电池

1）先拆蓄电池负极电缆，即搭铁电缆，然后拆卸蓄电池正极电缆。

2）安装时，先接蓄电池正极电缆，再接负极电缆。在连接负极之前，务必保证耗电量大的元器件处于不工作状态，永久性通电元器件（如钟表等）不会产生危险。若出现火花，表明产生了短路或者有设备在工作状态，应采取纠正措施。

3）应确保正、负极端子和蓄电池极桩接触良好，接头和端子应清洁且夹紧。

4）在给蓄电池重新充电时，要拆掉蓄电池正、负极接头。

5）正、负电缆接头切勿装反，否则会损坏发电机二极管。

2. 熔丝

1）更换熔丝时，应严格按照容量要求进行，因为熔丝是根据用电设备的容量确定的，否则将损坏用电设备，造成无法挽回的损失。

2）当加装电气设备或者安装用电附件和备用部件时，应先使用空余的熔丝。如果要在一个有熔丝保护的元件上接线，应先考虑用电容量。

3）熔断器支架与熔断器接触不良会产生电压降和发热现象。因此，特别要注意检查有无氧化现象和脏污。若有脏污和氧化物，需用细砂纸打磨光，使其接触良好。

3. 充电电路

1）在无蓄电池时，不要让交流发电机运转。当发电机运转时，不能断开蓄电池电路。

2）在车上进行电焊时，一定要切断交流发电机、调节器和蓄电池正、负极的连接。

3）不要用正极搭铁的方法来检查交流发电机，否则会损坏交流发电机的二极管。

4. 起动电路

1）不要使用 24V 快速充电机或者 24V 蓄电池进行起动。

2）只能使用 12V、充电状态良好的蓄电池进行起动机起动，否则会造成发动机 ECU 或者点火模块损坏。

3）如果需要用起动机带动发电机，但不起动发动机，需把点火系统和燃油供给系统断开，不能带入电路。

5. 点火电路

1）切勿把抗干扰电容器连接到高压线圈的负极接线柱上。

2）使用规定规格的抗干扰电容器。

3）当高压回路断开，高压线搭铁时，不能使用点火系统。

6. 卤素灯

1）车灯熄灭并冷却后，才能更换灯泡。

2）切勿用手指触摸灯泡。如果需要，戴上手套或者隔着干燥、不起毛、不沾油的干布。

3）灯泡上如果沾有污垢，可以用肥皂水擦拭清洁。

7. 检测

1）最好使用大内阻的伏特计（10kΩ/V）。

2）切勿"刺入"导线内进行相应测量。

8. 电子部件

1）应避免由于充电回路绝缘不良、电弧以及高压线圈的插件引起的过电压，否则带有电子元器件的设备（如调节器、闪光器、钟表、收音机、机油液面指示器和门锁装置等）都有可能损坏。

2）要避免电子元器件在 >80℃ 的条件下工作。

3）切勿在通电的条件下连接或者切断电子设备。

## 二、汽车电路基本元件

### 1. 汽车用导线

汽车中各个电器元件是用导线连接起来的，所以导线是用电设备从电源获得电能必不可少的元件。汽车电路导线分为低压线与高压线两种。低压线有普通线、起动电缆和蓄电池搭铁电缆之分，高压线有铜芯线与阻尼线之分。汽车导线主要根据导线的绝缘、通过电流的大小和机械强度三个方面的要求进行选择。例如，汽车点火系统的二次电压一般为 $10 \sim 23kV$，导线的绝缘性能要求很高，因此，必须采用耐高压的导线，而汽车其他电路均采用低压线。

（1）低压线 普通低压导线为铜质多丝软线，根据外皮绝缘包层的材料不同分为 QVR 型（聚氯乙烯绝缘）和 QFR 型（聚氯乙烯丁腈复合物）两种。普通导线的横截面面积主要根据用电设备的工作电流进行选择。一般而言，短时间工作的用电设备可选用实际载流量 60% 的导线。长时间工作的用电设备可选用实际载流量 60% ~ 100% 的导线。对功率很小的用电设备，如果仅从工作电流的大小来选择导线，那么由于其截面面积小、机械强度低，导线就很容易折断，因此汽车电路中所用的导线横截面面积大于 $0.5mm^2$。

1）低压导线的型号与规格。汽车低压导线的型号与规格见表 3-1，其允许载流量见表 3-2。汽车 12V 主要电路导线横截面的推荐值见表 3-3。

表 3-1　汽车低压导线的型号与规格

| 标称横截面面积 /mm² | 线芯结构 | | 绝缘层标称厚度 /mm | 电线最大外径/mm |
| --- | --- | --- | --- | --- |
| | 根数 | 单根直径/mm² | | |
| 0.5 | | | 0.6 | 2.2 |
| 0.6 | | | 0.6 | 2.3 |
| 0.8 | 7 | 0.39 | 0.6 | 3.5 |
| 1.0 | 7 | 0.43 | 0.6 | 2.6 |
| 1.5 | 17 | 0.52 | 0.6 | 2.9 |
| 2.5 | 19 | 0.41 | 0.8 | 3.8 |
| 4 | 19 | 0.52 | 0.8 | 4.4 |
| 6 | 19 | 0.64 | 0.9 | 5.2 |
| 8 | 19 | 0.74 | 0.9 | 5.7 |
| 10 | 49 | 0.52 | 1.0 | 6.9 |
| 16 | 49 | 0.64 | 1.0 | 8.0 |
| 25 | 98 | 0.58 | 1.2 | 10.3 |
| 35 | 133 | 0.58 | 1.2 | 11.3 |
| 50 | 133 | 0.68 | 1.4 | 13.3 |

表 3-2　汽车低压导线标称截面允许载流量

| 导线标称横截面面积/mm² | 0.5 | 0.75 | 1.0 | 1.5 | 2.5 | 4 | 6 | 10 | 16 | 25 | 35 | 50 |
| --- | --- | --- | --- | --- | --- | --- | --- | --- | --- | --- | --- | --- |
| 载流量(60%) | 7.5 | 9.6 | 11.4 | 14.4 | 19.2 | 25.2 | 33 | 45 | 63 | 83.8 | 102 | 129 |
| 载流量(100%) | 12.5 | 16 | 19 | 24 | 32 | 42 | 55 | 75 | 105 | 138 | 170 | 215 |

表 3-3　汽车 12V 主要电路导线横截面的推荐值

| 汽车种类 | 额定电压/V | 标称截面/mm² | 用于连接电器设备与电路名称 |
|---|---|---|---|
| 轿车<br>载重车<br>挂车 | 12 | 0.5 | 尾灯、顶灯、指示灯、仪表灯、牌照灯、燃油表、刮水器、电动机、石英钟 |
| | | 0.8 | 转向灯、制动灯、停车灯、分电器 |
| | | 1.0 | 前照灯近光灯丝、电喇叭(3A 以上) |
| | | 1.5 | 前照灯远光灯丝、电喇叭(3A 以上) |
| | | 1.5~4 | 5A 以上电路(除本表所列电器电路以外)的连接导线 |
| | | 4~6 | 电热塞 |
| | | 4~25 | 电源线 |
| | | 16~95 | 起动电路 |

2）低压导线颜色。为了配线和检修方便，汽车各条电路的导线均采用不同的颜色。各国对汽车导线的颜色有不同的规定。例如我国要求横截面面积 4mm² 以上的导线采用单色，其他导线则采用双色（在主色基础上加辅助色条）。国产汽车各电路导线主色的规定见表 3-4。

表 3-4　国产汽车各电路导线主色的规定

| 系统名称 | 导线主色 | 代号 | 系统名称 | 导线主色 | 代号 |
|---|---|---|---|---|---|
| 电气装置搭铁线 | 黑 | B | 仪表、报警指示和喇叭系统 | 棕 | Br |
| 点火起动系统 | 白 | W | 前照灯、雾灯等外部照明系统 | 蓝 | Bl |
| 电源系统 | 红 | R | 各种辅助电器及操纵系统 | 灰 | Gr |
| 灯光信号系统 | 绿 | G | 收放机、点烟器等系统 | 紫 | V |
| 车身内部照明系统 | 黄 | Y | | | |

导线配色的基本原则是在同一电气系统中的双色线主色与单色线的颜色相同。电路分支线的辅色应按允许的颜色选配。在导线的接线端和电路图上，一般都标有导线颜色代码。国际标准组织（ISO）规定采用各颜色的英文字母作为导线色码，我国及英国、美国、日本等均采用英文字母，也有一些国家采用本国母语字母作为导线色码。部分国家的导线颜色代码见表 3-5。

汽车电路图中双色线的标注方法是主色在前，辅色在后，如雪铁龙车系"NR"表示该导线的主色是黑色，辅色为红色。

3）起动电缆。起动电缆指连接蓄电池正极与起动机电源端子"30"之间的电缆，其横截面面积有 25mm²、35mm²、50mm²、70mm² 等多种规格，允许电流高达 500A 乃至 1000A 以上。为了保证起动机正常工作并产生足够的驱动力矩，要求起动电路中每 100A 电流产生的电压降不得超过 0.2V。

4）搭铁电缆。蓄电池搭铁电缆俗称为搭铁线，是由铜丝编织成的扁形软铜线。国产汽车常用搭铁线的长度有 300mm、450mm、600mm、760mm 4 种。

（2）高压线　高压线用来传送高压，由于工作电压很高（一般都在 10kV 以上），电流强度较小，因此高压线的绝缘包层很厚，线芯横截面面积很小，但耐压性能很好。国产汽车用高压线有铜芯线与阻尼线两种，其型号与规格见表 3-6。

表 3-5　部分国家的导线颜色代码

| 颜色 | 英国代码 | 日本代码 | 德国代码 | 法国代码 | 颜色 | 英国代码 | 日本代码 | 德国代码 | 法国代码 |
|---|---|---|---|---|---|---|---|---|---|
| 黑 | B | B | SW | N | 灰 | Gr | Gr | gr | G |
| 白 | W | W | WS | B | 紫 | V | V | li | Mv |
| 红 | R | R | RO | R | 橙 | O | O | — | Or |
| 绿 | G | G | gn | V | 粉 | — | P | — | Ro |
| 黄 | Y | Y | ge | J | 浅蓝 | — | L | hb | — |
| 棕 | Br | Br | br | M | 浅绿 | — | Lg | | |
| 蓝 | Bl | — | — | Bl | | | | | |

表 3-6　高压线型号与规格

| 型号 | 名称 | 线芯结构 | | 标称外径/mm |
|---|---|---|---|---|
| | | 根数 | 单线直径/mm | |
| QGV | 铜芯聚氯乙烯绝缘高压点火线 | | | |
| QGXV | 铜芯橡胶绝缘聚氯乙烯护套高压点火线 | 7 | 0.39 | 7.0±0.3 |
| QGX | 铜芯橡胶绝缘聚氯乙烯护套高压点火线 | | | |
| QG | 全塑料高压阻尼点火线 | 1 | 2.3 | |

（3）线束　为使全车电路规整、安装方便及保护导线的绝缘，汽车上的全车电路除高压线、蓄电池电缆和起动机电缆外，一般将同区域的不同规格的导线用棉纱或薄聚氯乙烯带缠绕包扎成束，称为线束，如图 3-14 所示。

1）线束安装与检修的注意事项。

① 线束应用卡簧或绊钉固定，以免松动磨坏。

② 线束不可拉得过紧，尤其在拐弯处，在绕过锐角或穿过金属孔时，应用橡胶或套管保护，否则容易磨坏线束而发生短路、搭铁，以至烧毁全车线束。

③ 当连接电器时，应根据插接器的规格及导线或插头的颜色，分别接于电器上并插接到位。当难以辨别时，一般可用试灯区分，不要用刮火法。

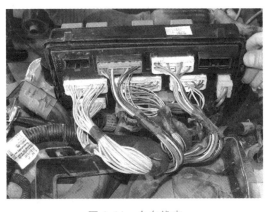

图 3-14　全车线束

2）高压线束。汽车点火线圈至火花塞之间的电路使用高压线束。高压线束分为普通铜芯高压导线和高压阻尼点火导线，带阻尼的高压导线可抑制和衰减点火系统产生的高频电磁波，降低对电控装置和无线设备的干扰。高压线束如图 3-15 所示。

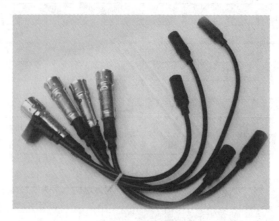

图 3-15　高压线束

2. 插接器

插接器是汽车电路中简单但不可缺少的元件，其使用方便，连接可靠，尤其适用于大量线束的连接。插接器的种类很多，可供几条到数十条导线使用，有长方体、多边体等不同形状。图 3-16 所示为几种插接器的形式。插接器由插座、插头、导线接头和塑料外壳组成。壳上有几个或多个孔位，用以放置导线接头。在导线接头上带有倒刺，当嵌入塑料壳后自动锁止。在塑料壳上也有锁止结构，当插头和插座结合后自动锁止，防止脱开。

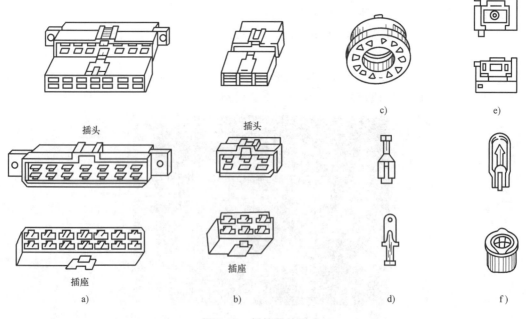

图 3-16　插接器的形式

当插接器在结合时，应把插接器的导向槽重叠在一起，使插头和插座对准，然后平行插入，即可十分牢固地连接在一起。插接器的导向槽指插接器在连接时，为了使其结合正确而设置的凸凹导轨。当要拆开插接器时，压下闭锁，就可以把插接器拉开。不压下闭锁时，禁止用力猛拉导线，否则会拉坏闭锁或连接导线。插接器的拆卸与连接如图 3-17 及图 3-18 所示。

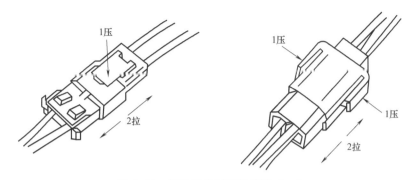

图 3-17　插接器的拆卸与连接（一）

当要拆开插接器时，首先要解除闭锁（图 3-17），压下图中 1 处，然后按图中 2 所示把插接器拉开。禁止在未解除闭锁的情况下用力拉导线，这样会损坏闭锁装置或导线。有些插接器用钢丝扣锁止，取下钢丝扣后才能将插接器拔开。在插接器端子有接触不良或断线故障时，可将插接器分解，用小一字螺钉旋具或专用工具从壳体中取出导线及端子进行修理或更换。

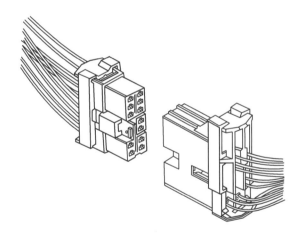

图 3-18　插接器的拆卸与连接（二）

3. 电器开关

汽车上各种电器控制系统的工作均受控于开关。汽车电器开关分为组合开关和单体开关两种。现代小型汽车多采用组合开关，用于提高汽车的性能和乘坐舒适性。若采用较多的单体开关，汽车内部布置会很乱，因此，现代汽车将很多功能相近的控制系统的开关组合在一起，如灯光系统组合开关、音响组合开关、空调组合开关、驾驶人侧门组合开关等，如图 3-19、图 3-20 所示。

开关在电路图中的表示方法有结构图表示法、表格表示法和图形符号表示法等。以点火开关为例，介绍电路中开关的表示方法，如图 3-21 所示。点火开关的功能主要有锁住转向盘转轴（LOCK 档）、接通仪表指示灯（ON 或 IG 档）、起动发动机（ST 或 START 档）、给附件供电（ACC 档，主要是收放机、点烟器）及发动机预热（HEAT 档）。其中，在起动档、预热档工作时消耗电流很大，开关不宜接通过久，所以这两个档位在操作时必须用手克服弹簧力扳住钥匙，松手后就会弹回点火档，不能自行定位，其他各档位均可自行定位。

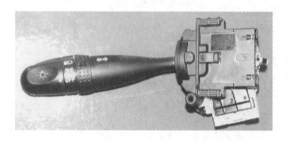

图 3-19　灯光系统组合开关

图 3-20　驾驶人侧门组合开关

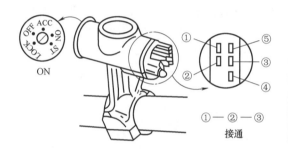

| | LOCK | OFF | ACC | ON | ST | |
|---|---|---|---|---|---|---|
| ① | | | | ○ | ○ | ○ | → 蓄电池+ |
| ② | | | ○ | ○ | | → ACC |
| ③ | | | | ○ | ○ | → IG₁ |
| ④ | | | | | ○ | → IG₂ |
| ⑤ | | | | | ○ | → ST |

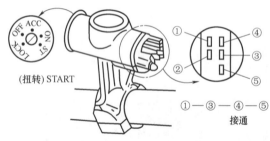

| | LOCK | OFF | ACC | ON | ST | |
|---|---|---|---|---|---|---|
| ① | | | ○ | ○ | ○ | → 蓄电池+ |
| ② | | | ○ | ○ | | → ACC |
| ③ | | | | ○ | ○ | → IG₁* |
| ④ | | | | | ○ | → IG₂* |
| ⑤ | | | | | ○ | → ST |

图 3-21　点火开关的表示方法

各国、各厂商的点火开关不完全相同，图 3-22 所示为雪铁龙爱丽舍车型点火开关的表示方法。图 3-23 所示为爱丽舍车型点火开关的工作状态图。

汽车上各类开关还有很多种类型，包括机械类开关、压力型开关和温度型开关等，此类开关均为不同的控制单元提供相应的信号，完成不同的控制功能，如图 3-24、图 3-25 所示。

4. 熔断器

为防止电路中导线或者电气设备短路、过载，在每个用电设备的电路中都需要设置电路保护装置。当电路中发生短路或者电流超过规定值时，保护装置可自动将电路切断，防止烧坏电路中的导线和电气设备。熔断器的主要部件是细锡线，它装在玻璃管、磁料管内或陶瓷板上。

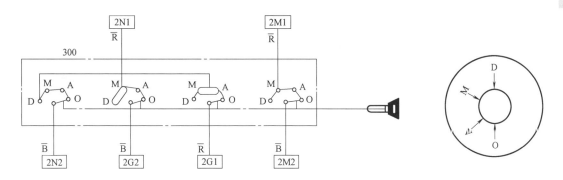

图 3-22　雪铁龙爱丽舍车型点火开关的表示方法

| 端子 档位 | 2N1 (供电端子) | 2N2 | 2G2 | 2G1 | 2M1 (供电端子) | 2M2 |
|---|---|---|---|---|---|---|
| O(锁止) | | | | | | |
| A(附件) | ○————————————————○ | | | | | |
| M(点火) | ○————————○————○ | | | | ○————————○ | |
| D(起动) | ○————○————○ | | | | | |

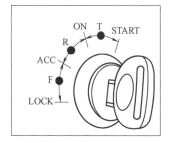

图 3-23　爱丽舍车型点火开关的工作状态图

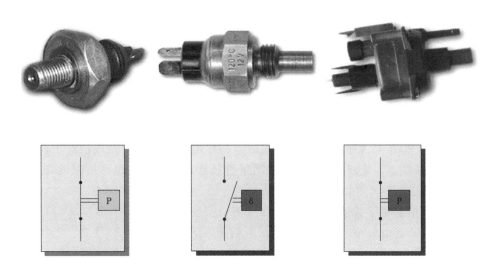

图 3-24　信号开关及表示方法

　　每一个熔断器都有其额定最大容许电流值。当通过锡线的电流超过规定值时，锡线就会熔断而使电路断路，如图 3-26 所示。普通熔断器流过的电流为 110% 额定值时不熔断。当流过的电流为 135% 额定值时，在 60s 以内熔断。当流过的电流为 150% 额定值时，20A 以内的熔断器应在 15s 以内熔断，30A 的熔断器应在 30s 以内熔断。

项目三　仪表台及车辆电器拆装与调整

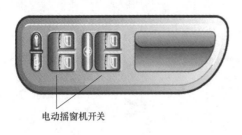

电动摇窗机开关　　　　　　　　　　　　　　　　　　　乘员门窗开关

图 3-25　中控门锁及门窗开关

（1）熔断器熔断的常见原因

1）电路或负载短路。

2）熔丝自身断裂（不是由于过热烧断）。

3）充电电压过高。

4）熔丝端部锈蚀，影响导电和散热。

5）电路过载（并联负载过多）。

6）熔断器规格（电流容量）不合要求。

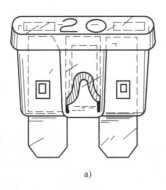
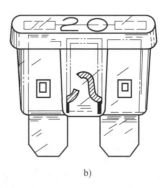

a)　　　　　　　　　　　　　　　　　　b)

图 3-26　熔断器状态

a）完好　b）熔断

（2）熔断器的检查与维修　熔断器熔断后，一般用观察法就可发现；对于较隐蔽的故障，需要进行详细检查。其方法是用万用表测量熔断器是否熔断，也可用测试灯进行检查。检查熔断器的要求如下：

1）当熔断器熔断时，必须真正找到故障原因，彻底排除故障。

2）当更换熔断器时，一定要选用与原规格相同的熔断器，特别要注意，不能使用比规定容量大的熔断器，如图 3-27 所示。在汽车上增加用电设备时，不能随意改用容量大的熔断器。对于这类情况，应另外安装熔断器。

3）熔断器支架与熔断器接触不良会产生电压降和发热现象。因此，特别要注意检查熔断器支架有无氧化现象和脏污。有脏污和氧化物时，必须用细砂纸将其打磨光，使其接触良好。

当熔断器所保护的电路不能工作时，应注意检查熔断器测试点的状况。如果熔丝已断，会很容易看出来，但有时由于熔丝本身或者和插座接触不良，也会造成电路断路，因此不能仅凭目测就做出判断，而应使用测试灯进行检测。插片式熔断器检测时，应先从一侧的测试点测试，然后试另一侧，如图 3-28 所示。在两侧测试时，测试灯都应发亮。

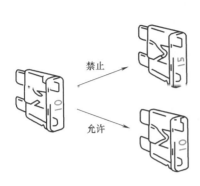

图 3-27　熔断器更换原则

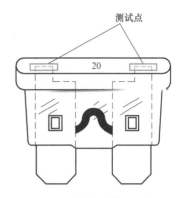

图 3-28　熔断器的测试点

熔断器盒实质上是一个具有过载保护装置的各种照明设备和辅助设备的配电板，在它的前部装有许多熔断器，在电路短路时能保护各用电设备免遭损坏。在熔断器盒上装有其他电器设备，如电喇叭继电器、点火开关钥匙未取蜂鸣器、危险报警闪光器和转向闪光继电器等。从熔断器盒上引出的每一条电路，在其熔断器或断路器插头上都有标志或号码。由于一个熔断器通常要保护几条电路，因此，应注意查阅相关的维修手册或相关的修理电路图，以弄清各个熔断器的具体负载，以便于在熔丝烧断时查明故障所在。

图 3-29 所示为雪铁龙爱丽舍车型发动机舱内熔断器盒正面布置图（仪表台左下方），其熔断器的规格及控制内容见表 3-7。

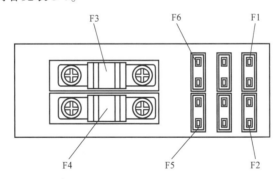

图 3-29　雪铁龙爱丽舍车型发动机舱内熔断器盒正面布置图

表 3-7　熔断器的规格及控制内容（一）

| 熔断器 | 电流/A | 控 制 内 容 |
|---|---|---|
| F1 | 15 | 前雾灯 |
| F2 | 30 | 空 |
| F3 | 30 | 右风扇 |
| F4 | 30 | 左风扇 |
| F5 | 20 | 发动机电喷系统-自动变速器电控单元 |
| F6 | 20 | 发动机电喷系统-自动变速器电控单元 |
| 备用 1 | 15 | |
| 备用 2 | 20 | |

图 3-30 所示为雪铁龙爱丽舍车型驾驶舱内熔断器盒正面布置图（仪表台左下方），其熔断器的规格及控制内容见表 3-8。

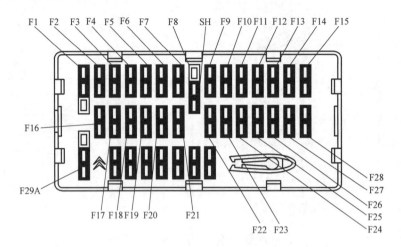

图 3-30　雪铁龙爱丽舍车型驾驶舱内熔断器盒正面布置图

表 3-8　熔断器的规格及控制内容（二）

| 熔断器 | 电流/A | 控 制 内 容 |
|---|---|---|
| F1 | 10 | 收放机 ACC |
| F2 | 20 | 前刮水器开关/前刮水器供电 ACC |
| F3 | 7.5 | 杂物盒照明 ACC/组合仪表 ACC/转向灯开关 ACC/地图灯 ACC/后视镜调整开关 ACC |
| F4 | 10 | 收放机 B+/组合仪表 B+/防盗控制 B+ |
| F5 | 15 | 中控锁 B+/危险报警开关 B+ |
| F6 | 30 | 前电动窗供电 |
| F7 | 10 | 闪光器 B+ |
| F8 | SH | |
| F9 | 7.5 | 空调压力开关 APC/组合仪表 APC/防盗模块 APC/中控锁控制盒 APC |
| F10 | 15 | 空调控制面板 |
| F11 | 7.5 | 安全气囊 APC/ABS 防抱死单元 APC |
| F12 | 5 | 左位置灯 |
| F13 | 5 | 右位置灯 |
| F14 | 5 | 设备背景照明 |
| F15 | 7.5 | 右近光灯 |
| F16 | 10 | 倒车灯供电/制动灯供电 |
| F17 | 25 | 后刮水器供电 ACC/后风窗加热 ACC |
| F18 | 7.5 | 阅读灯 B+/行李箱照明 B+/行李箱开启开关 |
| F19 | 20 | 后风窗加热 B+ |
| F20 | 10 | BVA 锁止继电器 |
| F21 | 7.5 | 电喇叭 B+ |

（续）

| 熔断器 | 电流/A | 控 制 内 容 |
|--------|--------|------------|
| F22 | 30 | 鼓风机电源 |
| F23 | 30 | 后门电动窗升降供电 |
| F24 | 25 | 起动控制线输出 |
| F25 | 15 | 前远光灯 |
| F26 | 15 | 油泵输入 |
| F27 | 7.5 | 左近光灯 |
| F28 | 5 | 后雾灯 |
| F29A | 15 | 点烟器 ACC |
| BF1 | 5 | |
| BF2 | 7.5 | |
| BF3 | 10 | |
| BF4 | 15 | |
| BF5 | 20 | |
| BF6 | 25 | |
| BF7 | 30 | |

5. 继电器

一般情况下，汽车上使用的操纵开关的触点容量较小，不能直接控制工作电流较大的用电设备，常采用继电器来控制它的接通与断开。继电器可以实现自动接通或切断一对或多对触点，用小电流控制大电流，可以减小控制开关的电流负荷，保护电路中的控制开关，如进气预热继电器、空调继电器、喇叭继电器、雾灯继电器和中间继电器等。通过继电器的触点控制用电设备的大电流，可保护开关触点不被烧蚀，延长开关的使用寿命。其外形及控制原理图如图 3-31 所示。

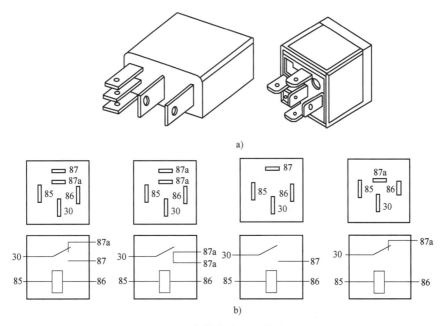

图 3-31　继电器的外形及控制原理图

汽车上的继电器有很多，常见的有 3 类，即常开继电器、常闭继电器和常开常闭混合型继电器。这 3 类继电器的动作状态见表 3-9。常开继电器平时触点是断开的，继电器动作后触点接通。常闭继电器平时触点是闭合的，继电器动作后触点断开。混合型继电器平时常闭触点接通、常开触点断开，继电器线圈通电后则变成相反状态。

表 3-9　继电器动作状态表

| | 常开(N·O)继电器 | 常闭(N·C)继电器 | 混合型继电器 |
|---|---|---|---|
| 正常（通常）状态 | 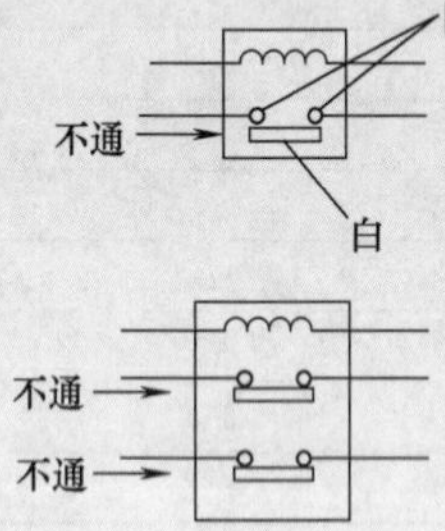 | 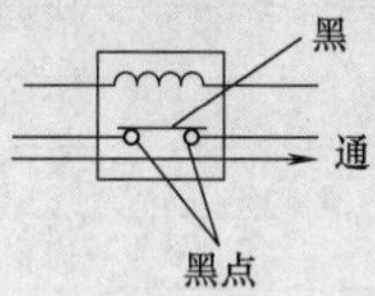 | 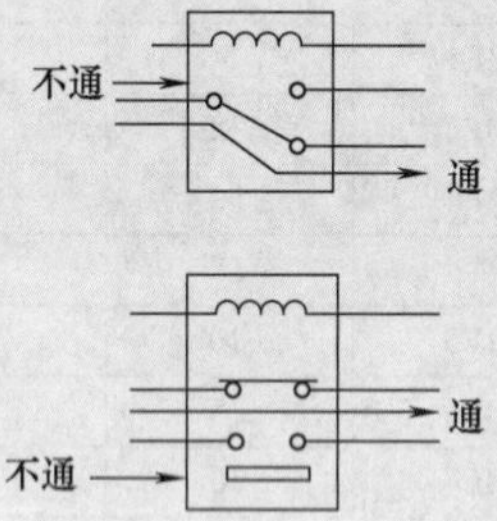 |
| 线圈通电时的情况 | 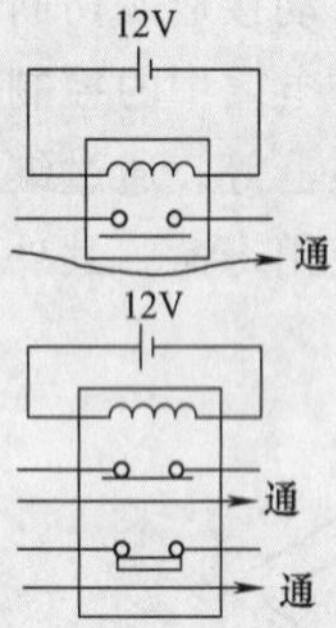 | 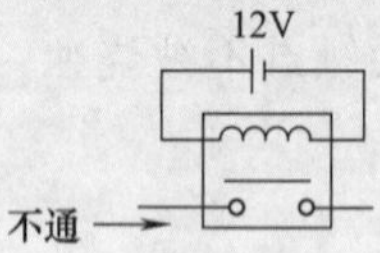 | 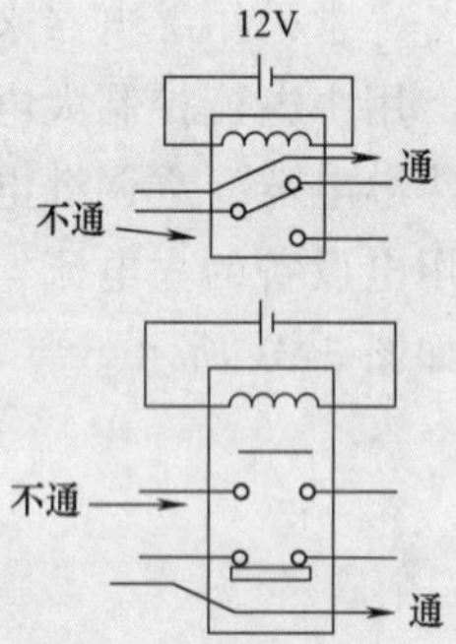 |

## 三、汽车导线连接注意事项

1）当导线连接时，需用专用钳子将导线圆柱状接头夹紧，以保证机械连接的可靠性。

2）外部需用内壁涂胶的热缩管保证密封性，通过专用热风机使热缩管收缩。

3）导线接头需按标准规格进行选用。

4）如果需要对一根或两根中间导线进行连接，可根据具体情况在修理插接器线号上，使用空余的两根导线或者其中的一根。

5）连接导线时，导线接头剥线长度不能超过 8mm，如图 3-32 所示。

6）应使用压线钳将铜端子压紧两端导线，如图 3-33 所示，再套上热缩管如图 3-34 所示。

7）应使用专用热风机将热缩管烤热收缩，保证端口密封性，如图 3-35 所示。

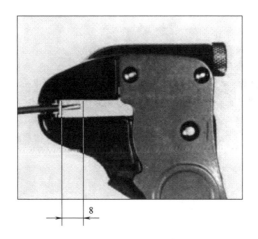

图 3-32　导线接头剥线长度

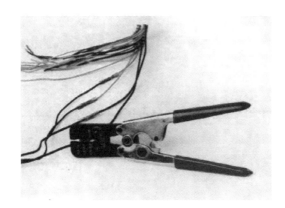

图 3-33　压线钳压紧接头

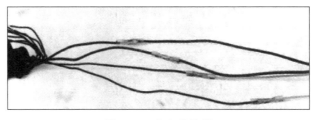

图 3-34　套上热缩管

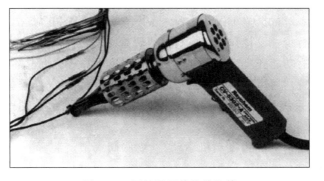

图 3-35　用热风机烤热热缩管

# 空调系统总成拆装与调整

## 学习目标

- **知识目标**

1) 了解汽车空调系统的构成。

2) 掌握汽车空调系统拆装与调整的工艺流程和技术标准。

3) 了解汽车空调系统拆装与调整的注意事项。

- **技能目标**

1) 能正确、熟练地使用汽车空调系统拆装与调整所用的工具。

2) 能按照企业作业标准对汽车空调系统进行拆卸、安装和调整。

- **素质目标**

1) 遵守车间安全规章制度。

2) 遵守车间 8S 管理制度。

3) 培养环保意识，合理处理工作废料。

## 任务一 空调系统总成拆装前期准备

### 一、汽车空调系统结构

爱丽舍轿车空调系统根据整车设计，统一考虑汽车对冷气和暖气的要求，并结合中国不同地域气候情况，进行统一设计和集中控制，实现通风、取暖和制冷一体化。它可全年调节车内温度和湿度，具有功能齐全、操纵方便和结构紧凑可靠等优点。爱丽舍轿车空调系统包括供暖系统、制冷系统、通风操纵及控制系统。

爱丽舍轿车制冷系统采用蒸气压缩气式制冷方式，由制冷循环和电气控制两大部分组成。

空调制冷系统由压缩机（由发动机驱动）、膨胀阀（节流装置）、蒸发器、冷凝器和干燥罐 5 个基本部件组成，如图 4-1 所示。

制冷循环的工作原理：压缩机在发动机的驱动下将气态制冷剂抽进压缩机进行压缩，形

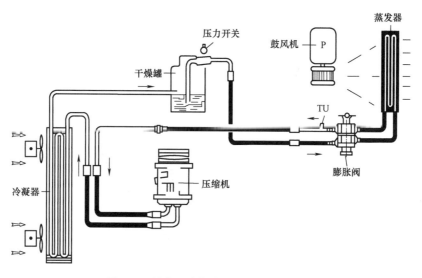

图 4-1　制冷系统的构成及工作原理图

成高温高压气态制冷剂，气态制冷剂经冷凝器进行热交换冷凝后成为高压液态制冷剂，再经过干燥罐吸收潮气及过滤杂质，经膨胀阀节流降压成气液两相混合物进入蒸发器，制冷剂在蒸发器中蒸发成低温低压的气态，同时与蒸发器周围的空气进行冷热交换（制冷剂由液态转为气态需吸收热量），最后制冷剂回到压缩机内。这样，制冷剂就经压缩、冷凝、节流和蒸发而完成一个制冷循环。重复循环，在鼓风机的作用下即达到使车内温度下降的目的。

### 二、空调系统参数

1. 压缩机

压缩机型号：SD7H13、SE7H13。

注：两种压缩机性能相同。

2. 压缩机冷冻机油

类型：SP20。

油量：$135cm^3$。

必须条件：不得与其他压缩机冷冻机油混用。

注意：压缩机冷冻机油吸湿性很强，其包装应可靠密封，且不易破损。

3. 制冷剂

类型：R134a。

额定用量：$(925\pm25)g$。

4. 干燥罐

容量：$500cm^3$。

5. 压力开关

特性：压力在 $2.5\sim2.6bar(1bar=10^5Pa)$ 时，压缩机工作。

当压力在 17~26bar 时，风扇高速旋转。

当压力小于 2.5 或大于 2.6bar 时，压缩机停止工作。

6. 灌注阀

类型：棘轮式锁紧机构。

注：灌注阀为所有 R134a 汽车空调制冷系统通用件。高、低压灌注阀直径不同，可以避免误操作。

7. 冷凝器

面积为 18.89cm²，如图 4-2 所示。

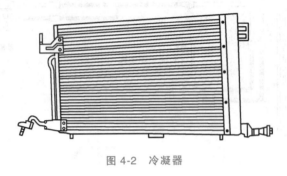

图 4-2　冷凝器

8. 蒸发器

类型：管片式蒸发器。

9. 蒸发器温度传感器

压缩机起动温度≥3℃；压缩机中断温度≤1℃。

10. 膨胀阀

过热度：8℃。

### 三、空调总成操作注意事项

1）禁止用压缩空气对车辆空调系统及制冷加注设备试压或者试漏。空气与 R134a 以一定混合比后，在压力升高情况下，具有可燃性，可能引起燃烧或爆炸。同时，压缩空气会带入湿气和其他杂质，造成车辆空调系统及维修设备的污染。

2）仅使用 R134a 的专用设备，禁止与其他制冷剂混合使用同一加注设备。否则，会造成制冷剂污染，将对车辆空调系统和维修设备造成严重损坏。

3）空调操作时应带上防护手套和安全眼镜，以避免与液体 R134a 接触而造成不必要的冻伤。

4）不要在近火处或者发热体旁进行维修操作，以避免 R134a 受热分解产生有毒气体，对身体造成伤害。

5）在通风良好处工作，避免吸入 R134a 气体。

6）小心处理压缩机冷冻机油，避免造成对环境的污染。

### 四、空调压缩机管路的日常维护

1）如果管路已排空，禁止起动制冷系统。如果系统管路已装制冷剂，请勿打开压缩机加注塞。

2）起动空调前，应先检查各个接头是否有变形和氧化情况，密封圈处是否有泄漏和破损，接头是否锁紧等。

3）检查蓄电池情况，检查电源是否符合要求。发动机运转过程中，不能断开蓄电池。当点火开关处于打开状态时，不得断开发动机电控单元。

# 任务二　空调系统总成拆装与调整

## 一、空调系统总成的拆卸

拆卸空调系统前，应按各项工艺要求回收管路内的制冷剂及冷冻机油，排空管路。

（1）拆卸空调压缩机-动力转向泵传动带　如图4-3所示，拧松3个螺栓，完全放松压在传动带上的张紧轮，拆除传动带。

（2）拆卸空调压缩机　拆卸联接空调压缩机的4个螺栓。

（3）拆卸空调总成

1）拆除仪表板（参见相关操作）。

2）拆前刮水器总成（参见相关操作）。

3）抽空制冷系统中的R134a。

4）排除部分冷却液。

（4）发动机舱内附件拆卸　发动机舱内附件具体拆卸如图4-4b所示。

1）脱开冷却液接头6。

2）拆下膨胀阀处的联接螺钉8（2个）。

3）完全脱开膨胀阀与管路的连接。

4）立即堵上膨胀阀与管路。

（5）拆卸发动机舱内蒸发器　发动机舱内蒸发器具体拆卸如图4-4a所示。

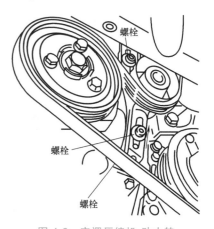

图4-3　空调压缩机-动力转向泵传动带

1）拆卸进气口处固定螺钉1（进气格栅下）。

2）拆卸转向器固定螺栓4（2个）。

3）拆卸换热器密封板2上的螺钉3（2个）。

4）拆卸换热器密封板2。

5）拆卸空调总成固定螺栓5、7。

（6）拆卸驾驶室空调面板及蒸发器　驾驶室空调面板及蒸发器具体拆卸如图4-4c所示。

1）拆卸线束支架螺钉9、10、11。

2）拆卸空调总成与车身的联接螺钉12。

3）拆卸空调总成13。

注意：换热器不要向下翻倒，以免冷却液流出。

## 二、空调系统总成的安装与调整

### 1. 安装驾驶室空调面板及蒸发器

按照与拆卸相反的顺序进行安装。

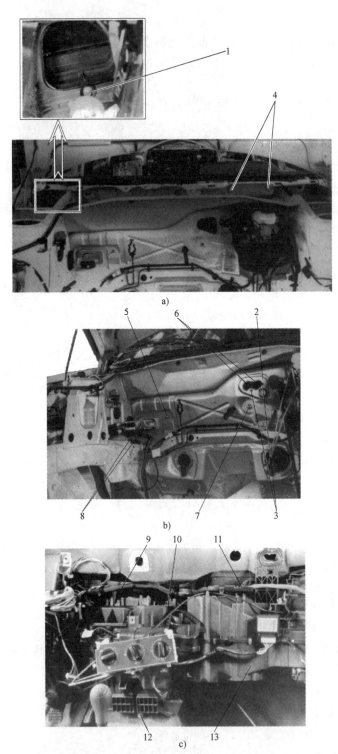

图 4-4　空调系统发动机蒸发器和舱内附件、空调系统驾驶室内蒸发器

a）空调系统发动机蒸发器　b）空调系统发动机舱内附件　c）空调系统驾驶室内蒸发器

1—固定螺钉　2—换热器密封板　3—螺钉　4—转向器固定螺栓　5、7—空调总成固定螺栓

6—冷却液接头　8—联接螺钉　9、10、11—线束支架螺钉　12—联接螺栓　13—空调总成

2. 安装发动机舱内蒸发器及附件

按照与拆卸相反的顺序进行安装。

3. 安装空调压缩机

当安装空调压缩机时，应检查压缩机离合器间隙。如果间隙过大或过小，均需要进行如下调整。

1）利用塞尺（图4-5）测量间隙。

2）将压缩机安装到台虎钳上，如图4-6所示。

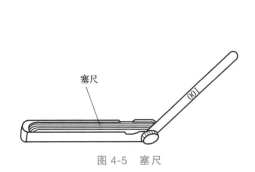

图 4-5　塞尺

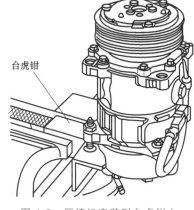

图 4-6　压缩机安装到台虎钳上

3）利用塞尺测量传动盘和传动带盘之间的间隙，技术标准间隙为（0.6±0.2）mm，至少相隔120°测量3个点，如图4-7所示。

4）如果间隙不正确，拆下传动盘，添加相应数量和厚度的垫圈，调整好后，用35～40N·m的力矩将螺母拧紧。

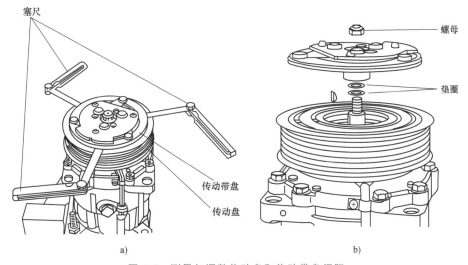

图 4-7　测量与调整传动盘和传动带盘间隙

a）测量传动盘和传动带盘间隙　b）调整传动盘和传动带盘间隙

4. 安装空调系统各管路

为保证整个空调系统密封性完好，不发生制冷剂泄漏情况，空调系统各个管接头均有相应的力矩要求，如图 4-8 所示。安装过程中，严格按照安装工艺要求进行操作，保证空调系统能够正常工作。

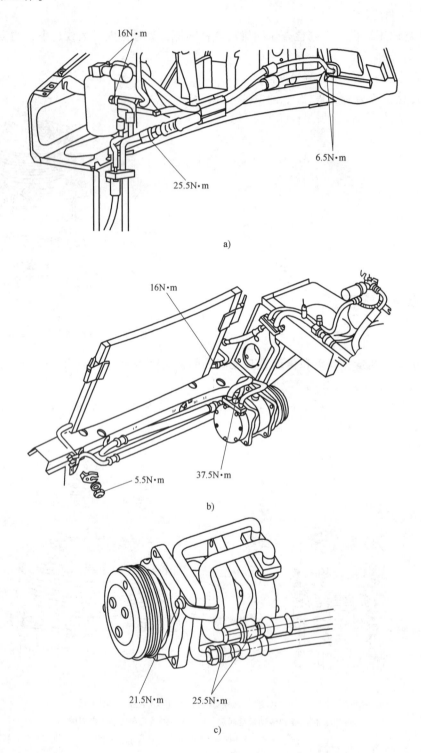

图 4-8　制冷系统管路螺栓力矩

### 三、空调压缩机管路拆装注意事项

1）当拆卸管路时，应迅速堵塞所有管路，避免湿气进入空调系统内。

2）拆卸前，新零件应放置在维修现场温度相同的环境中，要避免零件从低温环境下拿到室温环境后产生水汽凝结。

3）所有零件接头上的堵塞头必须在安装前最后时刻打开。

4）如果管路已长时间敞开在空气中，应更换干燥罐、压缩机冷冻机油。

5）更换所有管接头时，必须更换新的密封圈，并按规定力矩拧紧接头。

# 发动机总成拆装与调整

## 学习目标

- **知识目标**

1）熟悉汽车发动机的结构、参数和型号等。

2）了解汽车发动机总成拆装所需的常用工具。

3）熟悉汽车发动机总成拆装安全操作规程。

- **技能目标**

1）能根据拆装任务，正确选用工具和设备。

2）能熟练使用汽车发动机总成拆装常用工具。

3）能熟练、正确地进行发动机总成的拆装和调整。

- **素质目标**

1）遵守车间安全规章制度。

2）遵守车间 8S 管理制度。

3）培养环保意识，合理处理工作废料。

4）养成按流程规范做事的习惯。

## 任务一 发动机总成拆装前期准备

### 一、发动机识别参数

每一辆汽车的发动机都有一个唯一的发动机识别码。它表示的内容包括发动机的型号和生产序号，是发动机的识别标志。东风雪铁龙爱丽舍轿车发动机标识区如图 5-1 所示，右侧为 a 处的实物放大图。要更换发动机总成时，必须先了解所要更换发动机的型号、性能参数等。东风雪铁龙爱丽舍轿车发动机性能参数见表 5-1。

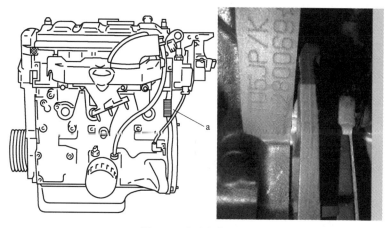

图 5-1　发动机标识区

表 5-1　东风雪铁龙爱丽舍轿车发动机性能参数

| 发动机型号 | TU5JP/K |
| --- | --- |
| 总排量/cm$^3$ | 1587 |
| （缸径/mm）×（行程/mm） | 78.5×82 |
| 压缩比 | 9.6/1 |
| 额定功率/转速 | 65kW/（5600r /min） |
| 最大转矩/转速 | 135N·m/（3000r/min） |
| 排放标准 | K |
| 燃料 | 90$^\#$（RON）GB484 |
| 催化转化器 | 无 |
| EGR（废气再循环）阀 | 无 |
| 喷油系统 | 多点喷射 |
| 供应商 | BOSCH　MP5.2 |

## 二、发动机悬置

1）发动机悬置是用于减少并控制发动机振动的传递，并且起到支撑作用的汽车动力总成件。

2）对发动机悬置系统有如下要求：

① 能在所有工况下承受动、静载荷，并使发动机总成在所有方向上的位移处于可接受的范围内，不与底盘上的其他零部件发生干涉。同时，在发动机大修前，不出现零部件损坏。

② 能充分地隔离由发动机产生的振动向车架及驾驶室的传递，降低振动噪声。

③ 能充分地隔离由于路面不平产生的通过悬置传向发动机的振动，降低振动噪声。

④ 保证发动机机体与飞轮壳的连接面弯矩不超过发动机厂家的允许值。

现代汽车发动机的支撑广泛采用三点式支撑，既能精简机构，又能保证足够的牢固性。东风雪铁龙爱丽舍轿车发动机就是采用三点支撑方式，如图 5-2 所示。

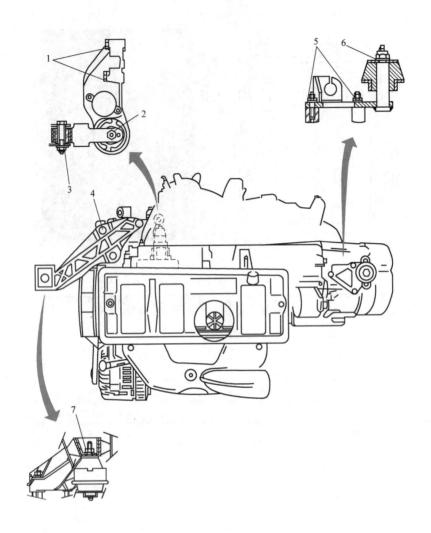

图 5-2　东风雪铁龙爱丽舍轿车发动机支撑方式

1、3—发动机下支架紧固螺栓　2—发动机下支架紧固螺母　4—发动机左支架紧固螺栓

5—发动机右支架紧固螺栓　6—发动机右支架紧固螺母　7—发动机左支架紧固螺母

### 三、发动机拆卸原则

发动机总成的拆卸应遵循以下原则：

1）拆卸前，熟悉要拆卸总成的结构。可以查阅资料，按拆卸工艺程序进行操作，避免在拆卸过程中造成不必要的损失。

2）核对装配记号和做好记号。为保证组合件的装配关系，拆卸前应注意核对装配记号。拆卸后，按原位置装好或做好装配记号。

3）合理使用工具和设备。正确使用拆卸工具是保证拆卸质量的重要前提，拆卸时所选工具要与被拆件相适应，应尽量使用专用工具。严禁使用锤子敲打零部件工作面。

4）同一总成或者组合件的零件应尽量放在一起，避免丢失或者造成装配时间的浪费。

## 四、发动机总成装配原则

发动机总成装配一般遵循以下原则：

1）时间上，要尽量缩短装配时间。因为发动机总成装配空间狭小，操作不方便，所以附件的装配尽量在台架上完成，加快装配速度。

2）工艺上，要根据汽车车身结构特点以及发动机自身特点，制订出合理有效的发动机总成装配工艺。

3）工具上，要配备方便、快捷的安装工具。维修企业要配备常见车型的专用工具，以免造成效率低，甚至损坏发动机机件。

4）吊装上，必须保证安全、可靠和快捷。保证设备和工具的完好性，操作的规范性，提高安全意识，避免发生汽车零部件碰撞或工伤事故。

5）防护上，应对车身及其他零部件采取必要有效的防护措施，避免对车身油漆、装饰件、灯具及机械零部件造成损伤。

## 五、发动机总成拆装工艺流程

发动机总成拆卸涉及的部件比较多，而且发动机的结构也各不相同，因此发动机拆装顺序有所不同，但是发动机总成拆卸的工艺基本都是一样的，具体的工艺流程如图5-3所示。

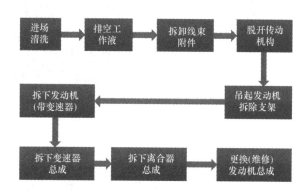

图 5-3 发动机总成拆卸工艺流程

# 任务二 发动机总成拆卸

发动机总成的拆装包括发动机的拆卸和装配两大部分，涉及的零部件较多，因此要按照发动机拆卸和装配的基本原则，在熟知发动机装配工艺流程的前提下，合理有序地进行操作。

下面以东风雪铁龙爱丽舍 1.6L 轿车为例进行介绍，具体拆卸步骤如下：

1）断开蓄电池电缆连接，举升并固定车辆，让前轮悬空，如图5-4所示。

2）放空变速器油液，如图5-5所示。

3）放空散热器中的冷却液，如图5-6所示。

4）放空助力转向液，如图5-7所示。

图 5-4　举升车辆

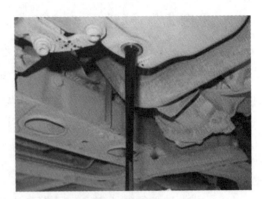

图 5-5　放空变速器油液

图 5-6　放空散热器中的冷却液

图 5-7　放空助力转向液

5）拆卸空气滤清器总成，如图 5-8 所示。

图 5-8　拆卸空气滤清器总成

6）拆卸蓄电池总成。将图 5-9 中螺栓拆下，取下蓄电池盖板，即可将蓄电池总成取出，如图 5-10 所示。

7）拆卸发动机电控单元。将图 5-11 中的电控单元总线束拆下，将发动机电控单元取下，如图 5-12 所示。

螺栓

图 5-9　蓄电池盖板螺栓

图 5-10　取出蓄电池总成

图 5-11　电控单元线束

图 5-12　取下电控单元总成

1—节气门　2—进气总管　3—电控单元总线束
4—蓄电池　5—蓄电池托架　6—熔丝盒线束
7—曲轴箱通风管　8—上水管

8）拆卸蓄电池下托架。拆卸蓄电池下托架总成，如图 5-13 所示。

9）拆卸汽车前轮，如图 5-14 所示。将发动机传动机构取出。

10）拆卸左、右传动轴，如图 5-15 所示。

11）将图 5-16 所示离合器拉索螺栓松脱，将离合器拉索取下，如图 5-17 所示。

12）拆卸节气门拉索，如图 5-18 所示。

13）拆卸换档机构长操纵杆，如图 5-19 所示。

14）拆下发动机右下盖板和前右挡泥板。拧松张紧轮固定螺栓，如图 5-20 所示，放松传动带上的张紧轮，拆除传动带。拆下空调压缩机，将其捆绑在车身上，如图 5-21 所示。

15）拆卸空气滤清器进气管，如图 5-22 所示。

16）松脱进油管和回油管，如图 5-23 所示。注意防止汽油喷射出来，用干净抹布将其擦净。

图 5-13　拆卸蓄电池下托架

图 5-14　拆卸汽车前轮

图 5-15　拆卸左、右传动轴

图 5-16　离合器拉索位置图

1—搭铁线缆　2—离合器拉索　3—倒档开关
4—变速器操作杆

图 5-17　取下离合器拉索

图 5-18　拆卸节气门拉索

图 5-19　拆卸换档机构长操纵杆

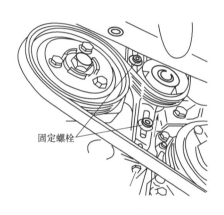

固定螺栓

图 5-20　压缩机张紧轮固定螺栓

图 5-21　空调压缩机

图 5-22　拆卸空气滤清器进气管

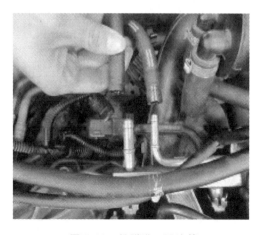

图 5-23　松脱进、回油管

17）拆卸冷却系统暖风的进、回水管，如图 5-24 和图 5-25 所示。

18）使用胶管卡箍拆卸钳拆卸散热器进水管，如图5-26所示。

19）拆卸助力转向泵接头，如图5-27所示。

20）拆卸发动机线束和熔丝盒的线束。

21）拆卸助力转向泵与转向阀之间的管路，如图5-28所示。

22）拆卸进气管与真空助力器之间的连接管，如图5-29所示。

图 5-24　拆卸暖风进水管

图 5-25　拆卸暖风回水管

图 5-26　拆卸散热器进水管

图 5-27　拆卸助力转向泵接头

图 5-28　拆卸助力转向泵与转向阀之间的管路

图 5-29　拆卸进气管与真空助力器之间的连接管

23）拆卸排气管固定螺栓，如图 5-30 所示。

24）拆卸发动机下支架吊耳螺栓，如图 5-31 所示。

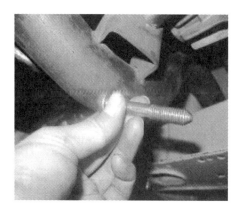

图 5-30　拆卸排气管固定螺栓

图 5-31　拆卸发动机下支架吊耳螺栓

25）将动力总成（含发动机和变速器）从汽车发动机舱吊起，如图 5-32 所示。

26）拧松发动机下支架吊耳螺栓，拆卸发动机左、右支架，注意不要损坏散热器，如图 5-33 所示。

图 5-32　将动力总成从发动机舱吊起

图 5-33　拧松发动机下支架吊耳螺栓

27）使用发动机吊装小车将发动机动力总成吊下来，平稳安放在工作台上，如图 5-34 所示。

28）拆卸变速器总成及离合器总成，如图 5-35 所示。

图 5-34　吊装发动机总成

图 5-35　拆卸离合器总成

## 任务三　发动机总成安装与调整

### 一、发动机总成安装注意事项

1）在安装时，应检查发动机和变速器之间的定位销是否安装好。

2）正式修理的汽车，应更换所有的自锁螺母、密封圈和衬垫。

3）应在变速器输入轴上涂一层薄薄的润滑脂。

4）检查曲轴后部滚针轴承是否安装上，必要时检查离合器压盘的对中程度。

5）安装发动机支架后，摇动发动机使其安装到位。

6）调整节气门拉索，使其运动无阻滞。

### 二、发动机总成的安装

1. 安装离合器总成

将离合器的从动盘安装到位，注意正反，如图 5-36 所示。

2. 安装变速器总成

安装变速器总成如图 5-37 所示。在安装过程中注意：

1）确保变速器的定位销完全正确地进入发动机相应的定位孔内。

2）分离拨叉应将分离轴承推到底。

3）变速器相关螺栓拧紧力矩见表 5-2。

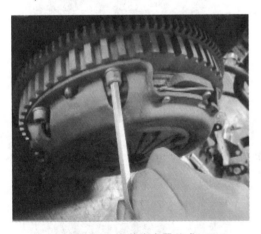

图 5-36　安装离合器总成

图 5-37　安装变速器总成

3. 安装油封

在油封刃口处涂抹润滑脂，用油封安装工具安装油封，如图 5-38 所示。

4. 吊起发动机动力总成

5. 安装发动机动力总成

1）安装发动机左、右支架，如图 5-39、图 5-40 所示。

2）安装发动机下支架吊耳螺栓，如图 5-41 所示。

表 5-2　变速器相关螺栓拧紧力矩

| 螺 栓 位 置 | 力矩/N·m |
|---|---|
| 发动机与变速器固定螺栓(4个) | 35 |
| 变速器悬架弹性元件固定螺栓(2个) | 25 |
| 变速器悬架固定螺栓(1个) | 70 |
| 变速器悬架支架与左前梁联接螺栓(2个) | 25 |
| 变速器悬架支架与变速器固定螺栓(3个) | 25 |

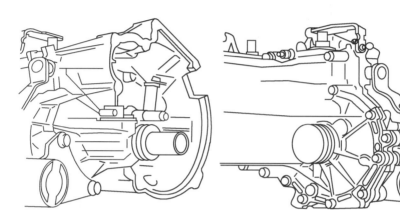

图 5-38　安装油封

图 5-39　安装发动机左支架

图 5-40　安装发动机右支架

6. 安装排气管固定螺栓

安装排气管固定螺栓,如图 5-42 所示。

7. 安装进气管与真空助力器连接管

连接节气门后端进气管与真空助力器管路,如图 5-43 所示。

8. 安装暖风进、出水管

将暖风进水管和出水管安装到位,如图 5-44 所示。

图 5-41  安装发动机下支架吊耳螺栓

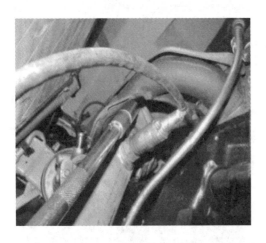

图 5-42  安装排气管固定螺栓

图 5-43  连接进气管与真空助力器管路

9. 安装散热器胶管

将散热器胶管安装到位，如图 5-45 所示。

10. 安装空气滤清器进气管

将空气滤清器进气管安装到位，如图 5-46 所示。

11. 安装进油管、回油管

将发动机燃油共轨管的进油管、回油管安装到位，如图 5-47 所示。

12. 连接发动机各线束、熔丝盒线束

13. 连接熔丝盒搭铁线、变速器壳体搭铁线

14. 安装助力转向泵与转向阀的连接管

将助力转向泵与转向阀的连接管安装到位，如图 5-48 所示。

15. 安装空调压缩机

按照与空调压缩机拆卸相反的顺序安装压缩机，如图 5-49 所示。

图 5-44　安装暖风进、出水管

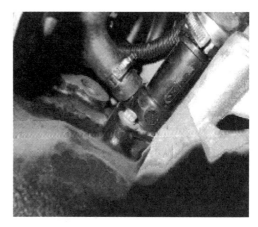

图 5-45　安装散热器胶管

图 5-46　安装空气滤清器进气管

图 5-47　安装进油管、回油管

图 5-48　安装助力转向泵与转向阀管路

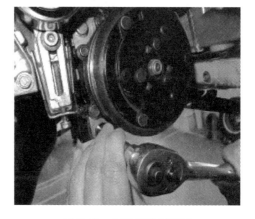

图 5-49　安装空调压缩机

16. 安装发动机传动带

1）按顺序安装传动带：曲轴传动带轮、空调压缩机传动带轮、助力转向泵传动带轮、张紧轮。

2）把传动带张力数字显示检测仪 ZX4122-T 安装在传动带上，如图 5-50 所示，拧紧螺栓，使传动带的张紧力达到（120±3）N。

3）拧紧张紧轮固定螺栓，拆下飞轮定位专用销。

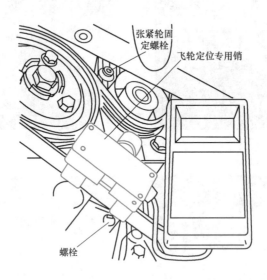

图 5-50　安装发动机传动带

17. 安装离合器拉索（图 5-51）

18. 安装换档长操纵杆（图 5-52）

图 5-51　安装离合器拉索

图 5-52　安装换档长操纵杆

19. 安装助力转向泵胶管（图 5-53）

20. 安装节气门拉索（图 5-54）

21. 安装空气滤清器总成（图 5-55）

22. 安装发动机电控单元支架（图 5-56）

23. 安装左、右传动轴（图 5-57）

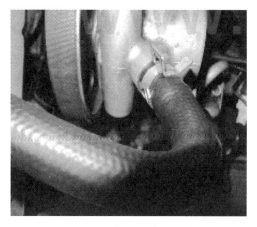

图 5-53　安装助力转向泵胶管

图 5-54　安装节气门拉索

图 5-55　安装空气滤清器总成

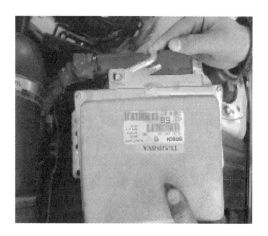

图 5-56　安装发动机电控单元支架

图 5-57　安装左、右传动轴

24. 安装前轮

25. 加注变速器油、助力转向液、冷却液

26. 调整离合器拉索

27. 接通电源负极

将车辆降到地面，将发动机水、油、电、液等各部分按照检测流程检测。最后，路试车辆。

### 三、发动机总成安装检测与调整

1）有负荷试验。

2）用废气测试仪测定废气排放值，做出记录。

3）发动机大修竣工特性试验技术标准：最大功率不低于原厂额定功率的 95%；最大转矩不低于原厂额定转矩的 95%；最低燃油消耗率不高于原厂规定值；废气排放值符合国家规定。

4）发动机热状态下的验收。在发动机起动和运转过程中，进行观察、检测，并查阅发动机大修过程中的有关技术资料，进行热状态下的验收。

5）发动机按照规定的装配技术条件进行装配，零部件及附件均应符合修理技术标准，并装备齐全、工作良好、固定可靠。

6）按规定进行冷、热磨合及拆检清洗。

7）发动机在正常温度下能顺利起动（汽油机在−5~55℃，柴油机在 5~55℃）。

8）在正常工作温度下，怠速、中速、高速（按原车最高转速的 75% 计算）运转应稳定、均匀，不得有回火冒烟现象，在正常工作下不得有过热现象。

9）润滑油与冷却液的温度及压力应符合规定，各仪表工作正常。

10）气缸压缩压力应符合原厂规定。

11）发动机不得有漏油、漏水、漏气和漏电等现象。

12）在发动机正常工作温度下，进气歧管真空度应符合原厂规定。

13）在发动机正常工作温度下，不得有下列响声：活塞敲缸声，活塞、连杆轴承异响声，正时齿轮敲击声，其他部位不得有异响。

14）发动机起动运转稳定后，允许有下列轻微响声：当冷却液温度低于 45℃ 时，允许活塞有轻微敲缸声。正时齿轮等齿轮啮合间隙符合规定时，允许有轻微啮合响声。当气门、气门推杆装配间隙符合规定时，允许有轻微响声。

15）发动机不得有窜润滑油现象。

16）缸盖螺栓要求复紧的，应复紧检查。

17）发动机外表应按规定进行油漆涂装。

18）发动机应按规定加注足够的润滑液。

# 制动系统总成拆装与调整

 学习目标

- **知识目标**
1) 掌握汽车制动系统的构成。
2) 掌握汽车制动系统拆装与调整的工艺流程和技术标准。
3) 了解汽车制动系统拆装与调整的注意事项。

- **技能目标**
1) 能正确、熟练地使用汽车制动系统拆装与调整工具。
2) 能按照企业作业标准对汽车制动系统进行拆卸、安装和调整。

- **素质目标**
1) 遵守车间安全规章制度。
2) 遵守车间 8S 管理制度。
3) 培养环保意识，合理处理工作废料。
4) 培养团队意识、协作精神。

## 任务一 制动系统总成拆装前期准备

### 一、制动系统的组成

东风雪铁龙爱丽舍轿车采用真空助力 X 型双回路 ABS 液压制动系统，有电子感载比例阀和机械感载比例阀两种系统，包含有前、后制动器和驻车制动器等部件。

前制动器：通风盘式，制动间隙自动调整。

后制动器：鼓式，制动间隙自动调整。

驻车制动器：钢索操纵，直接作用于后轮。

1. 制动系统

电子感载比例阀制动系统的比例阀集中在电子控制单元系统中，而机械感载比例阀制动系统单独存在，一般单独安装于制动管路中，如图 6-1 所示，故二者系统不能互换。

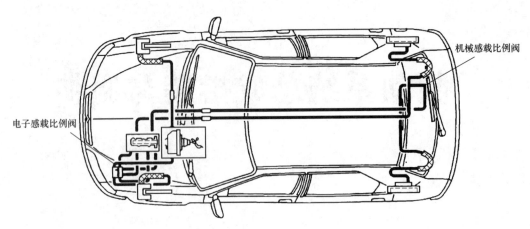

图 6-1　带电子感载比例阀和机械感载比例阀的汽车

### 2. 前制动器参数

前制动器各项参数见表 6-1。

表 6-1　前制动器各项参数

| 发动机 | | TU5JP | EW7J4 |
|---|---|---|---|
| 前制动盘 | 形式 | 通风盘式 | |
| | 直径/mm | $\phi$247 | $\phi$266 |
| | 厚度/mm | 20.4 | 22 |
| | 磨损后允许最小厚度/mm | 18.4 | 20 |
| 前制动钳 | 供应商 | 博世 | |
| | 活塞厚度/mm | $\phi$48 | $\phi$54 |
| 摩擦片 | 新片厚度/mm | 13 | |
| | 最小允许磨损厚度/mm | 2 | |

### 3. 后制动器参数

后制动器各项参数见表 6-2。

表 6-2　后制动器各项参数

| | 形式 | 鼓式 |
|---|---|---|
| 后制动鼓 | 直径/mm | $\phi$203 |
| | 宽度/mm | 48 |
| | 磨损后允许最大直径/mm | $\phi$205 |
| 后制动分泵 | 供应商 | 博世 |
| | 形式 | 蹄片间隙棘轮自动补偿 |
| | 制动液压缸活塞直径/mm | $\phi$20.6 |
| 制动蹄片 | 新片厚度/mm | 4.75 |
| | 最小允许磨损厚度/mm | 1 |

### 4. 驻车制动器

驻车制动器的结构如图 6-2 所示。

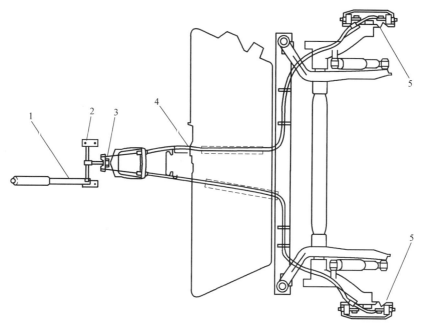

图 6-2　驻车制动器的结构

1—驻车制动拉杆　2—平衡块　3—调整螺母　4—驻车制动拉线　5—后轮制动器

## 二、车轮制动要求

1）车辆未制动时，制动器中的摩擦副不得接触摩擦盘，即不能出现制动脱滞现象。

2）制动或接触制动时，制动蹄的外张或回收动作应在其垂直于车轴的平面内，不能出现偏摆现象。

3）因制动出现摩擦磨损时，制动器摩擦副之间的间隙会发生变化，需要有间隙检查窗口和间隙调整机构进行间隙调整。

# 任务二　前制动器拆装与调整

## 一、拆装前车体保护

接车拆装前，应严格按照程序对车身部位安放必要的四件套保护用品。应在下列部位安放保护用品：发动机舱处安装翼子板布，驾驶人座椅处安放保护套，地板（驾驶人侧）垫防尘脚垫，转向盘套上保护套，如图 6-3 所示。其主要目的是防止在拆装过程中伤害到车体及弄脏车辆。

## 二、拆卸

### 1. 拆卸摩擦片

1）在车辆处于落地状态时，拧松前车轮螺栓，将车辆举升，拆卸前车轮。

2）用一字螺钉旋具顶于 a 处（图 6-4）推开活塞，拆卸螺栓 1，松开螺栓 2。拆卸过程中，用另外扳手将双螺母之一紧固螺母固定。

3）向上翻开制动卡钳，拆卸制动摩擦片，清洁并检查。

目测检查：检查制动活塞周围是否有漏油、渗漏现象发生。

密封性检查：检查保护罩的状态及配合，是否有破损、运动干涉情况。

制动盘磨损情况检查：是否有沟槽等现象。

注意事项：在拆卸摩擦片时，严禁踩动制动踏板，防止活塞动作产生危害。

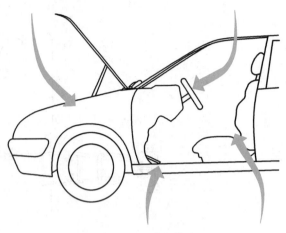

图 6-3　安装保护套

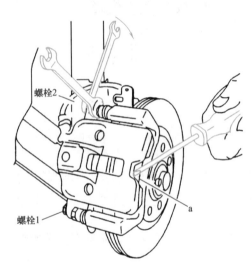

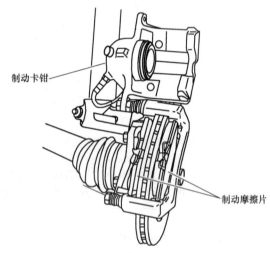

图 6-4　拆卸摩擦片

2. 拆卸制动卡钳

1）松开车辆前轮螺栓，举升车辆。

2）拆卸前轮后，松开制动卡钳上的软管，如图 6-5 所示，拆下螺栓，拧开制动软管的螺钉。

拆卸软管前，将接油盆放置于车辆下端；拆卸后，用软布将其堵住，防止制动液流出。

3）拆下制动卡钳。

注意事项：拆卸完制动卡钳后，应将制动卡钳妥善放置。

3. 拆卸制动盘

1）松开车辆前轮螺栓，举升车辆，拆卸

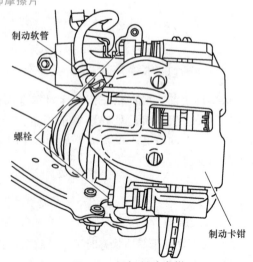

图 6-5　拆卸制动卡钳

**6**

UNIT

前轮。

2）将制动摩擦片和制动卡钳拆卸后，如图 6-6 所示，拆卸螺栓 1、2。

3）取下制动盘。

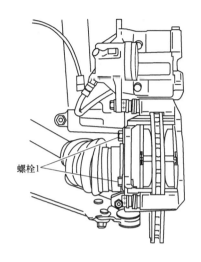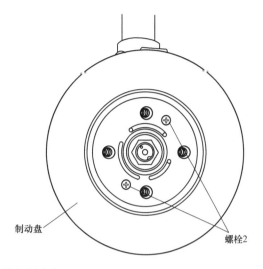

图 6-6　拆卸制动盘

三、检测

1. 检测制动盘厚度

1）举升车辆，拆卸前轮。

2）使用 0~25mm 的外径千分尺，在距离制动盘边缘 10~15mm 处，选择 4 个点进行测量（4 个点相差 90°），如图 6-7 所示。同一检测圆周上最大厚度差应≤0.01mm。

磨损后，制动盘的最小允许厚度见表 6-3。

表 6-3　制动盘的最小允许厚度标准

| 制动盘形式 | 通风盘 | | 实心盘 |
| --- | --- | --- | --- |
| 标准厚度/mm | 20.4 | 22 | 10 |
| 磨损后最小允许厚度/mm | 18.4 | 20 | 8 |

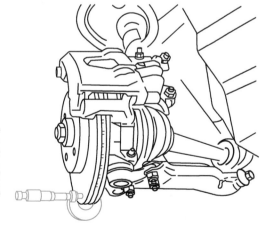

图 6-7　检测制动盘的厚度

2. 检测制动盘径向圆跳动量

1）安装制动盘隔套，如图 6-8 所示。利用隔套将制动盘和轮毂固定，如图 6-9 所示，螺栓拧紧，力矩为90N·m。

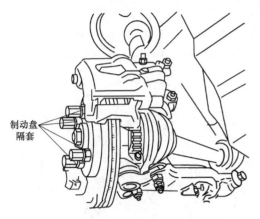

图 6-8　安装制动盘隔套

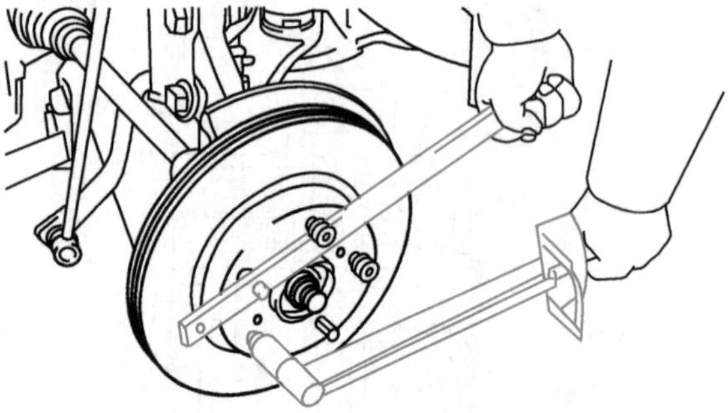

图 6-9　固定制动盘和轮毂

2) 将百分表磁性支架固定在三角臂的平面上，如图 6-10 所示，放好百分表，旋转车轮一周，检测制动盘端面的跳动量应≤0.1mm。

注意事项：拧紧转向节时，车轮应能运转。

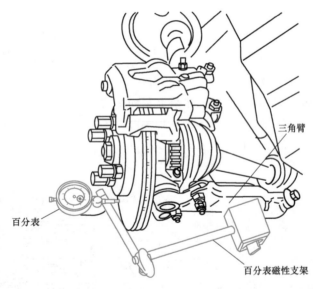

图 6-10　检测制动盘跳动量

## 四、安装

### 1. 安装制动盘

按照与拆卸的相反顺序安装制动盘。如图 6-6 所示，将制动盘套装到位，安装螺栓 1、2，其拧紧力矩：螺栓 1 为 105N·m，螺栓 2 为 10N·m。

### 2. 安装制动卡钳及摩擦片

1) 安装制动摩擦片，将制动摩擦片按图 6-4 所示顺导轨安装到位。检查能否顺利移动。

2）将图 6-4 中制动卡钳翻扣回来，安装到位。

3）安装螺栓 1，并用 30~33N·m 的力矩拧紧。

4）安装螺栓 2，并用 30~33N·m 的力矩拧紧。

5）连接软管接头。

6）安装车轮，安装车轮螺栓，拧紧力矩为 90N·m。

7）对制动管路进行排气，检查制动液液面，必要时补充制动液。

注意事项如下：

1）安装螺栓 1、2 前必须涂防松胶。

2）车辆在起步前，让发动机运行，并进行几次制动测试，确认制动系统安全可靠后，才可确定制动系统安装完成。

# 任务三　后制动器拆装与调整

## 一、后制动器拆卸前工具准备

东风雪铁龙爱丽舍轿车后制动器为鼓式制动器，由于一些部件结构的特殊性，在拆卸过程中需准备拆卸专用工具，其具体专用工具如下。

### 1. 制动分泵活塞支撑架

制动分泵活塞支撑架如图 6-11 所示，用于在拆卸制动分泵后顶住两侧制动蹄片，不让制动蹄片在弹簧作用下回位，便于拆卸。

### 2. 制动蹄片弹簧拆装钳

制动蹄片弹簧拆装钳如图 6-12a 所示，用于拆卸制动蹄片回位弹簧。图 6-12b 中弹簧用此工具拆卸。

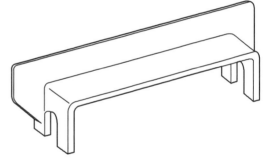

图 6-11　制动分泵活塞支撑架

### 3. 制动蹄片销钉拆装扳手

制动蹄片销钉拆装扳手如图 6-13 所示，用于拆卸制动蹄片销钉。图 6-12b 中支撑销钉用此工具拆卸。

## 二、后制动器的拆卸

1）在车辆处于落地状态时，拧松后车轮螺栓，将车辆举升，拆卸后车轮。

2）将驻车制动拉锁松开，转动后车轮，应能够自由转动。

3）拆卸制动鼓。

4）使用制动蹄片弹簧拆装钳拆卸如图 6-12b 中弹簧，使用制动蹄片销钉拆装扳手拆卸支撑销钉，拆卸间隙自动调整杆后取出前制动蹄片。

5）拆下驻车制动拉索，拆卸后制动蹄片，并将专用工具支撑架装在制动分泵活塞上，拆下制动蹄，以便更换一些零件。

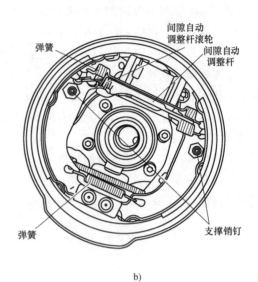

图 6-12　制动蹄片弹簧拆装钳

目测检查：检查制动分泵周围是否有漏油、渗漏现象发生。

密封性检查：检查制动分泵防尘套是否有破损。

制动鼓磨损情况检查：检查是否有沟槽、裂纹等现象。

### 三、后制动器的检测

#### 1. 制动蹄片的检查

制动蹄片如图 6-14 所示，其磨损后允许的最小厚度极限为 1mm。

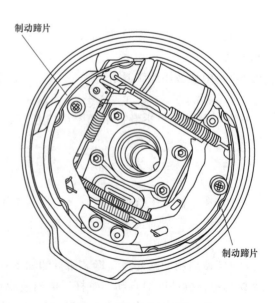

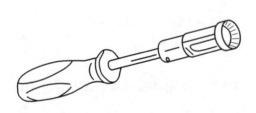

图 6-13　制动蹄片销钉拆装扳手　　　　　图 6-14　检测制动蹄片

### 2. 制动鼓的检测

按照制动鼓拆卸工艺将制动鼓拆卸后，利用游标卡尺检测其磨损直径，如图 6-15 所示。制动鼓磨损后允许的最大直径符合标准见表 6-4。

表 6-4　制动鼓磨损后允许的最大直径符合标准

| 标准直径 $\phi1$/mm | 180 | 203 |
|---|---|---|
| 磨损后允许最大直径 $\phi2$/mm | 182 | 205 |

## 四、后制动器的安装

1）安装前，检查制动鼓和摩擦片上是否有油渍。如果有，使用砂纸打磨。

2）为减少制动蹄片磨损，在制动蹄片的 6 个支撑点 b 上抹少许润滑脂，装上制动蹄片，如图 6-16 所示。

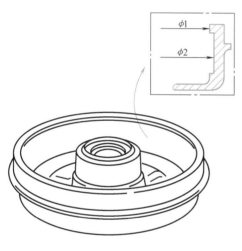

图 6-15　制动鼓磨损量测量

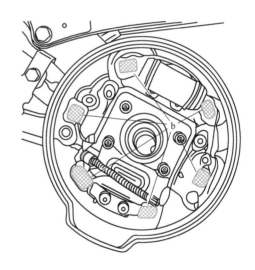

图 6-16　制动蹄片支撑点

3）将间隙自动调整杆卡槽顶住制动轮缸处，定位卡环上有环形槽，将环形槽卡入定位槽内，将滚轮拧至定位卡环处，如图 6-17 所示。

4）连接驻车制动拉索。

5）按照与拆卸相反的顺序进行安装。安装制动蹄片、间隙自动调整杆，使用制动蹄片销钉拆装扳手安装支撑销钉，利用制动蹄片弹簧拆装钳安装弹簧，如图 6-12b 所示。

6）转动滚轮进行调整，使得直径 $D = 202.5$mm，如图 6-18 所示。

7）安装制动鼓。必要情况下，应更换新轮毂螺母，螺母的下表面和螺纹上抹少

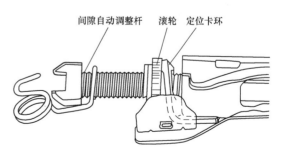

间隙自动调整杆　滚轮　定位卡环

图 6-17　间隙自动调整杆

项目六　制动系统总成拆装与调整

许润滑油。其拧紧力矩为 200N·m。

8）锁紧螺母，安装防护堵盖（钢板冲压件）。

9）调整驻车制动，起动发动机，踩制动踏板约 50 次。

10）从举升机上安全平稳地放下车辆。

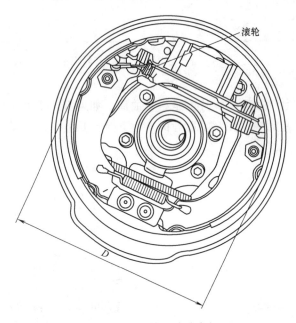

图 6-18　调整制动蹄直径

## 任务四　驻车制动器调整

### 一、调整前车体保护

驻车制动器的主要作用是防止车辆停驶后移动，便于在坡道上起步，在行车制动器失效后临时制动或配合行车制动器紧急制动。因驻车制动器操纵杆在驾驶舱内，为保护驾驶舱，在拆装前应按图 6-19 所示部位安放保护用品：驾驶人座椅处安放保护套，地板（驾驶人侧）垫防尘脚垫，转向盘套上保护套。

### 二、驻车制动器的调整

1）进入驾驶室，向后拉起驻车制动器拉杆，当听到"咔咔咔咔"声响后，松开拉杆，使拉杆锁止于该位置。

2）将车辆举升离地面 20mm 左右高度，使车辆悬空离地。

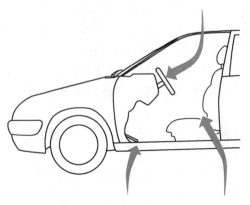

图 6-19　安放保护垫部位

3）分别转动两个后车轮，如果车轮转动，说明驻车制动器工作性能不好，需要调整；如果车轮不能转动，说明驻车制动器性能良好，不需调整。

4）如需调整，则在驾驶室内将驾驶人侧座椅前移到最前方，用内六角套筒和接杆拆卸驻车制动器操纵杆罩盖后端螺栓，拆卸变速器操纵杆前装饰板，再拆卸驻车制动器操纵杆罩盖前端固定螺栓。

5）拉紧、放松驻车制动杆，反复进行 10 次。将驻车制动杆拉至第 4 齿（响）处。利用 13mm 呆扳手拧紧调整螺母，直到后轮不能转动为止，如图 6-20 所示。

6）再次放松和拉紧驻车制动杆 4~5 次，驻车制动杆仍置于第 4 齿（响）处，检查后轮是否可以转动。

7）松开驻车制动器，再次检查后轮是否可以转动。若后轮可以转动，则继续重复步骤 5）和 6），直至调整合格为止，即将驻车制动杆拉至第 4 齿（响）处，后轮不能转动。松开驻车制动器，后轮可自由转动。

8）将车辆降至地面，将驻车制动器操纵杆罩盖安装到位，座椅调整到位。

9）清理工具，收回五件套，清理场地。

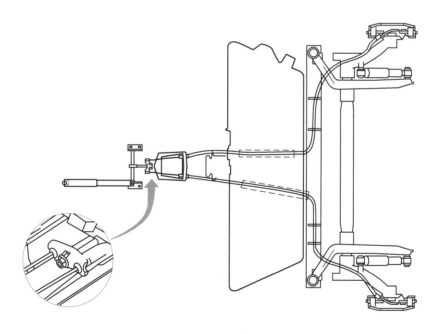

图 6-20　调整驻车制动器

## 任务五　制动总泵拆装与调整

### 一、拆装前车体保护

接车拆装前，为防止在拆装过程中伤害到车体及弄脏车辆，应安放保护用品：发动机舱处安装翼子板布，驾驶人座椅处安放保护套，地板（驾驶人侧）垫防尘脚垫，转向盘套上保护套。

## 二、制动总泵的拆卸

1）拆掉发动机蓄电池负极连接线、正极连接线，将蓄电池取出。

2）正确拆卸发动机电控单元（ECU）。

3）拔掉制动储液罐液位传感器插接器，保持方向向上取出制动液储液罐，然后倒空制动液储液罐中的制动液并进行清洗。

4）拆开真空助力器真空管，如图 6-21 所示。

5）拆开制动管，拆卸螺母，拆卸制动总泵，如图 6-21 所示。

6）拆卸制动踏板的推杆连接销，拆卸螺母，如图 6-22 所示。

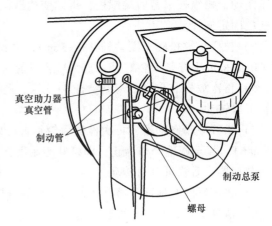

图 6-21　制动总泵制动管路

## 三、制动总泵的安装

1）安装制动踏板的推杆连接销，安装螺母，如图 6-22 所示，螺母的拧紧力矩为（20±2）N·m。

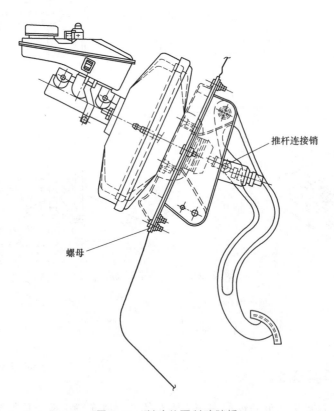

图 6-22　制动总泵制动踏板

2）安装制动管，接头拧紧力矩为 15N·m，如图 6-21 所示。

3）安装螺母，最后装上制动总泵 3，如图 6-21 所示，螺母的拧紧力矩为 10N · m。

4）安装真空助力器真空管，如图 6-21 所示。

5）安装制动储液罐，加注制动液。制动液位应在最高液位和最低液位之间。

6）对制动管路进行排气。将一塑料排气管接在制动排气孔处，如图 6-23 所示，另一端放入干净容器内。反复踩踏制动踏板几次，踩住制动踏板，打开排气螺栓，有制动液流出且无气泡时关闭排气螺栓。必要时重复排气几次。

注意事项：

1）以上操作需两人以上配合操作。

2）必须在发动机停驶状态下进行排气。排气的车轮顺序为：右后轮、左前轮、左后轮、右前轮。

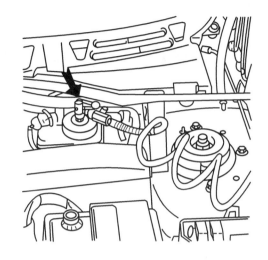

图 6-23　制动总泵排气

3）进行排气时，要保证制动液储液罐内制动液的液位高度。制动液位应在最高液位和最低液位之间。

**学习目标**

- **知识目标**
1）熟悉前、后桥拆装常用工具。
2）掌握实训车辆前、后桥的拆装调整工艺。
3）掌握前、后桥的结构及其各部件之间的连接关系。

- **技能目标**
1）能熟练使用前、后桥拆装常用工具。
2）能够熟练地对前、后桥进行拆解、安装与调整。

- **素质目标**
1）遵守车间安全规章制度。
2）遵守车间 8S 管理制度。
3）培养环保意识，合理处理工作废料。

## 任务一　后桥系统总成拆装与调整

### 一、后桥系统的组成

东风雪铁龙爱丽舍轿车的后桥为纵向摆臂型独立悬架，带横向稳定杆，其结构如图 7-1 所示。横向稳定杆安装在横梁轴管后。纵向摆臂式独立悬架用两个铸铁制成的纵摆臂通过滚针轴承装在管架上，后轴通过 4 个弹簧缓冲块与车身连接。

纵向摆臂式独立悬架由两个横置的扭力杆、横向稳定杆和两个双向筒式减振器组成。

后桥的主要零部件如图 7-2 所示。

当后桥装配时，各部件连接如图 7-3 所示。后桥紧固件技术参数见表 7-1。

### 二、后桥总成的拆卸

1）断开实训车辆蓄电池，举升车辆。

2）按照轮胎螺栓拆卸顺序使用 19 号十字套筒依次拆下后轮螺栓，并拆下后轮。

3）拆卸排气管后段与前段连接部分，然后依次拆下消声器悬挂 a、b、c，如图 7-4 所示。取下排气管后段。

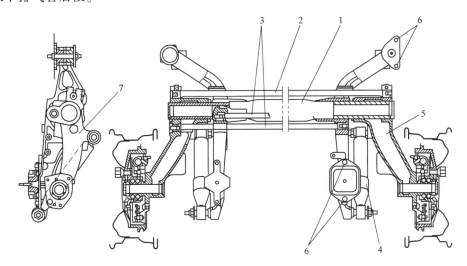

图 7-1　后桥的结构

1—后轴　2—横向稳定杆　3—扭力杆　4—后减振器　5—后摆臂　6—弹簧缓冲块　7—减振器支架

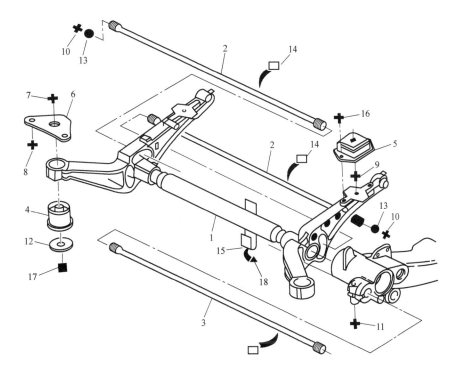

图 7-2　后桥的主要零部件

1—后轴管-支架总成　2—扭力杆　3—后横向稳定杆　4—弹性铰接（前）　5—弹性铰接（后）

6—前弹性铰接支撑板　7—双头螺栓　8、9、11—螺栓　10—螺钉　12、13—垫圈

14—卡箍　15—胶带　16—六角头螺栓　17—锁紧螺母　18—卡带

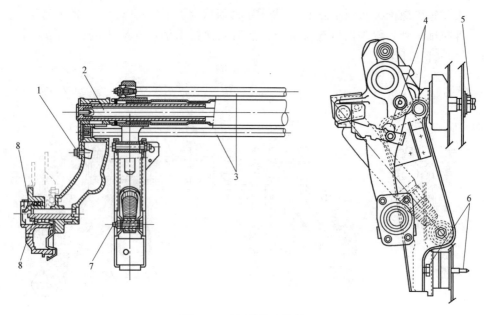

图 7-3　后桥结构连接件

1—横向稳定杆固定螺栓　2—横向稳定杆　3—扭力杆　4—后轴支架螺栓

5—前弹性联接螺栓　6—后弹性联接螺栓　7—减振器固定螺栓　8—后轴销螺栓

表 7-1　后桥紧固件技术参数

| 紧固件 | 拧紧力矩/N·m |
|---|---|
| 横向稳定杆固定螺栓 | 35 |
| 后轴支架螺栓 | 70 |
| 前弹性联接螺栓 | 55 |
| 后弹性联接螺栓 | 45 |
| 减振器固定螺栓 | 75 |
| 后轴销螺栓 | 200 |

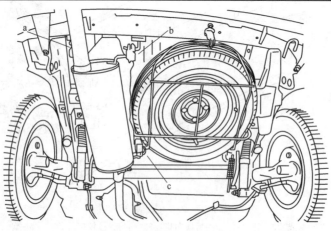

图 7-4　拆卸消声器吊耳

4）拆卸排气管上方隔热板螺栓，拆卸隔热板，如图 7-5 所示。

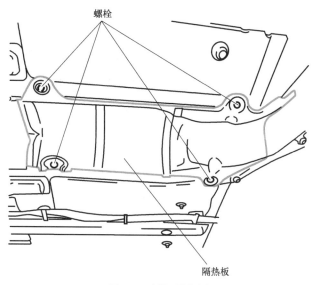

螺栓

隔热板

图 7-5　拆卸隔热板

5）在驾驶室内将驻车制动拉索平衡块固定螺栓松开，取出驻车制动拉索平衡块，拆掉驻车制动拉索，如图 7-6 所示。

6）从汽车底部抽出驻车制动拉索，将其与车身分离。

7）拆卸车辆底部管路，松开锁钩，如图 7-7 所示。

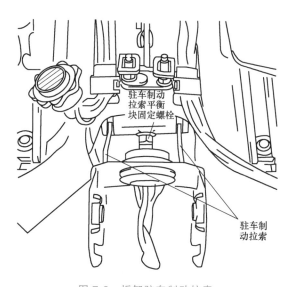

驻车制动拉索平衡块固定螺栓

驻车制动拉索

图 7-6　拆卸驻车制动拉索

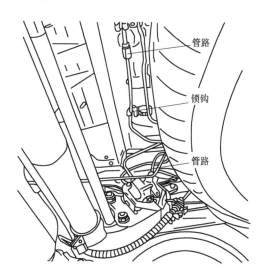

管路

锁钩

管路

图 7-7　拆卸车辆底部管路

8）将千斤顶置于后桥中央，加压。如图 7-8 所示，拆卸行李箱地毯和隔声材料。

9）分离后桥制动油管，断开双路接头处的制动油管，用塞子堵住两个制动油孔，将车辆降到一定高度，用卧式千斤顶将后轴支起（注意不要顶到油箱）。在行李箱内，利用六角加长套筒松开后固定螺栓，拆下紧固螺栓，左右各 3 个螺栓。

10）松开所有螺栓后，卸压卧式千斤顶，拉出后桥。

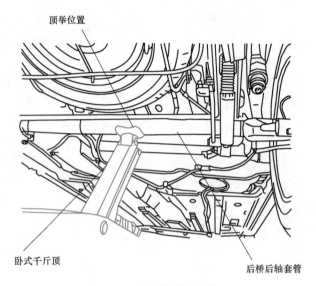

顶举位置

卧式千斤顶

后桥后轴套管

图 7-8　千斤顶顶起后桥

### 三 、后桥总成的装配

1）将后桥放在车身下方与拆卸时同样的位置，用卧式千斤顶顶起，安装紧固前弹性联接螺栓 5 及后弹性联接螺栓 6，如图 7-3 所示。

2）重新装上左、右车轮制动油管，将后轴制动油管卡在车身上。

3）紧固制动油管，排空气，加注制动液。

4）用专用工具将驻车制动拉索从车底安装到驾驶室内固定螺栓上，如图 7-6 所示，直到后制动器完全抱死。放松和用力拉驻车制动杆 4~5 次，驻车制动杆仍置于第 4 齿 （响）处，检查后制动是否抱死，否则重复以上操作。松开驻车制动杆，确保可转动后车轮。

5）依次安装隔热板、排气筒、备胎支架和轮胎等。

6）连接车辆蓄电池负极电缆。

### 四 、注意事项

1）拆卸后桥后摆臂时，应将模拟减振器专用测量工具调整到车身标准高度后才可拆卸，否则易造成车身高度不准确。

2）后摆臂轴承座表面在拆卸过程中不能损伤表面，表面应无划痕和碰撞痕迹。

3）拆卸制动鼓困难时，可以用一字螺钉旋具通过车轮的螺栓孔松动间隙自动补偿的自调拨板进行调节，直到拆下制动鼓。

## 任务二　前桥系统总成拆装与调整

### 一、前桥系统的组成

东风雪铁龙爱丽舍轿车前桥主要由横向稳定杆、减振器、前托架和三角臂等部件构成，如图 7-9 所示。前桥的主要作用是连接非承载车身与悬架，将车轮受到的力或转矩通过悬架传递给前桥，悬架缓冲由不平路面传给车架或车身的冲击力，并减少由此引起的振动，以保证汽车能平顺地行驶。

前桥连接紧固件技术参数见表 7-2。

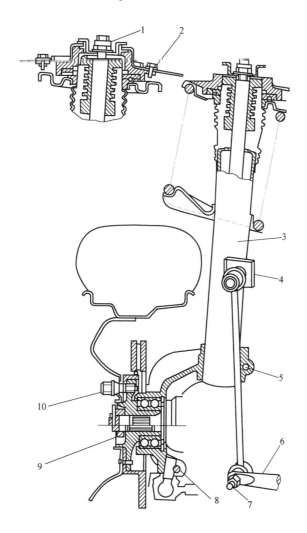

图 7-9　前桥的结构

1—减振器螺栓　2—前悬架固定螺栓　3—减振器　4—稳定杆连接球栓螺母　5—转向节开口锁紧螺母
6—横向稳定杆　7—横向稳定联接螺栓　8—转向节球销　9—传动轴螺母　10—车轮螺栓

表 7-2　前桥连接紧固件技术参数

| 紧固件 | 拧紧力矩/N·m | 紧固件 | 拧紧力矩/N·m |
|---|---|---|---|
| 减振器螺栓 | 45 | 转向节球销 | 40 |
| 前悬架固定螺栓 | 25 | 传动轴螺母 | 325 |
| 稳定杆连接球栓螺母 | 40 | 车轮螺栓 | 90 |
| 转向节开口锁紧螺母 | 45 | | |

## 二、前托架的拆卸

1）将车辆抬起，前轮悬空，拆卸发动机下护板。

2）用绑扎带将转向器牢固地固定在排气管上，如图7-10所示。

3）按照图7-11所示，依次拆下发动机下支架螺栓、抗扭吊耳、转向器固定螺栓，紧固后铰接下螺栓和横向稳定杆固定螺栓，松开助力液压管固定夹，拆下固定螺栓。分开三角臂与前托架，用举升机托住前托架。

4）拆卸前托架固定螺栓，如图7-12所示。

5）降下举升器，取下前托架。

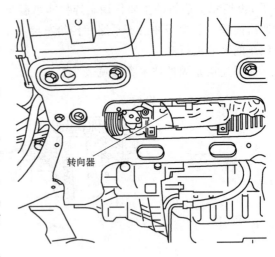

图 7-10　固定转向器

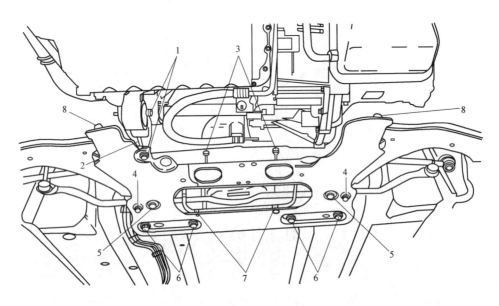

图 7-11　拆卸前托架附件螺栓

1—发动机下支架螺栓　2—抗扭吊耳　3—转向器固定螺栓　4—后铰接下螺栓
5—横向稳定杆固定螺栓　6—前托架后部螺栓　7—助力液压管固定夹　8—固定螺栓

## 三、前托架的安装

1）用举升机升起托架，利用托架后角b处定位销保证托架与车身的定位，如图7-13所示。

2）紧固托架固定螺栓，如图7-12所示，前托架后部固定螺栓的拧紧力矩为80N·m，

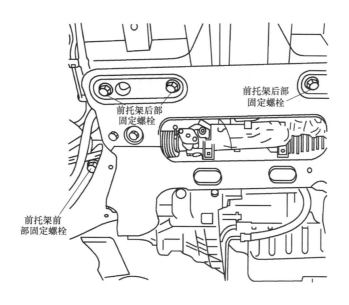

图 7-12　拆卸前托架固定螺栓

前托架前部固定螺栓的拧紧力矩为 80N·m。

3）连接三角臂与托架，紧固前铰接固定螺栓，拧紧力矩为 85N·m。

4）紧固助力液压管固定夹。

5）紧固后铰接下螺栓和横向稳定杆固定螺栓，如图 7-11 所示，后铰接下螺栓的拧紧力矩为 30N·m，横向稳定杆固定螺栓的拧紧力矩为 65N·m。

6）紧固转向器固定螺栓，如图 7-11 所示，拧紧力矩为 70N·m。

7）安装抗扭吊耳。

8）安装发动机下支架螺栓，如图 7-11 所示，拧紧力矩为 70N·m。

前托架安装注意事项：

1）安装过程中严格按照螺栓紧固技术参数拧紧到规定力矩。

2）若螺栓损坏，必须更换尼龙自锁螺母。

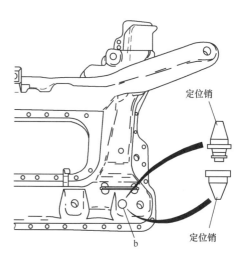

图 7-13　前托架定位

# 悬架总成拆装与调整

- **知识目标**

1）熟悉轿车悬架拆装的常用工具。

2）掌握实训车辆前、后悬架的拆装调整工艺。

3）掌握汽车悬架结构及其各部件之间的连接关系。

- **技能目标**

1）能正确熟练地使用轿车悬架拆装常用工具。

2）能够熟练地对前、后悬架进行拆解、安装与调整。

- **素质目标**

1）遵守车间安全规章制度。

2）遵守车间8S管理制度。

3）培养环保意识，合理处理工作废料。

4）培养危险专用工具使用过程中的规范操作和安全防护意识。

## 任务一　悬架总成拆装前期准备

### 一、悬架系统的组成

悬架是汽车上的重要总成之一，它把车身和车轮弹性地连接在一起。悬架的主要作用是传递作用在车轮和车身之间的力和力矩，例如支撑力、制动力和驱动力等，并且缓和由不平路面传给车身的冲击载荷，衰减由此引起的振动，保证乘员的舒适性，减小货物和车辆本身的动载荷。

#### 1．前悬架的组成

东风雪铁龙爱丽舍轿车前悬架为麦弗逊式独立悬架，包括弹性元件、减振器和传力装置三部分，这三部分分别起缓冲、减振和传递力的作用。东风雪铁龙乘用车弹性元件为螺旋弹簧，如图7-9虚线部分所示。它只承受垂直载荷，缓和及抑制不平路面对车体的冲击，具有占用空间小、质量小、无需润滑等优点，但由于本身没有产生滑动摩擦，故其作用仅为弹性连接，而不能起到减振作用。减振器为液力减振器，它是悬架机构中最精密和复杂的机械件，其作用是加速衰减车身的振动。传力装置指车架的上、下摆臂等叉形刚架、转向节等元件，用来传递纵向力、侧向力及力矩，并保证车轮相对于车架（或车身）有确定的相对运动规律。

前悬架减振器安装时有一个定位角，如图 8-1 所示，图中凸台朝前。

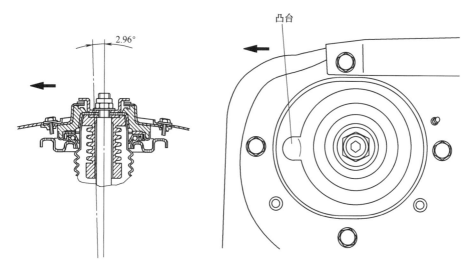

图 8-1　前悬架减振器定位角

前悬架的状态参数和拆装参数见表 8-1 和表 8-2。

表 8-1　前悬架的状态参数

| 部件 | 状态与参数 |
| --- | --- |
| 前悬架形式 | 麦弗逊式独立悬架 |
| 空载前部高度（三角臂摆动轴芯处） | 215mm |
| 满载前部高度（三角臂摆动轴芯处） | 210mm |
| 螺旋弹簧钢丝直径 | φ12.68mm |
| 螺旋弹簧外径 | φ145mm |
| 螺旋弹簧自由高度 | 458mm |
| 弹簧有效圈数 | 6.5 圈 |
| 前横向稳定杆直径 | φ18mm |
| 前减振器形式 | 双向作用筒式，M110 |

表 8-2　前悬架的拆装参数

| 部件 | 拧紧力矩/N·m |
| --- | --- |
| 减振器螺母 | 45 |
| 前悬架固定螺栓 | 25 |
| 稳定杆连接球栓螺母 | 40 |
| 转向节开口锁紧螺母 | 45 |
| 转向节球销 | 40 |
| 传动轴螺母 | 325 |
| 车轮螺栓 | 90 |

### 2. 后悬架的组成

东风雪铁龙爱丽舍轿车后悬架采用纵臂扭转梁悬架构造，左、右纵摆臂连接横梁。当两个后轮发生纵向同幅摆动时，外倾角不会发生变化；以不同幅度进行摆动时，外倾角不能保持一致，而连接左、右纵臂的横梁在连接处可以转动，便能在一定程度上让左、右车轮在小范围内各自分别运转而不至于干扰到另一侧车轮。

扭转梁本身虽然有非独立悬架的不足之处，但同时兼有部分独立悬架的优点，最大优点便是减振器不会产生弯曲应力，因此摩擦也较小。

纵臂扭转梁悬架所占用空间相对较小，所以在兼顾其良好承载性的前提下，不会对车内后排空间造成较大影响。其不足之处是抗侧倾能力较弱、减振性能差，并且舒适性也有限。

后悬架的结构如图 7-3 所示。

后悬架的状态参数和拆装参数见表 8-3 和表 7-1。

表 8-3　后悬架的状态参数

| 部　件 | 状态与参数 |
| --- | --- |
| 后悬架形式 | 纵向摆臂型独立悬架 |
| 空载后悬架高度（至 $\phi58mm$ 管径轴线） | 310mm |
| 扭杆弹簧直径/mm | $\phi19.3$ |
| 后横向稳定杆直径/mm | $\phi19$ |
| 后减振器形式 | 双向作用筒式，M215 |

## 二、前、后悬架整体状态

东风雪铁龙爱丽舍轿车平放于平整路面时，应符合厂家前、后悬架整体状态参数要求，即车身高度测量符合技术规范要求，如图 8-2 所示，否则视为悬架安装不合格。

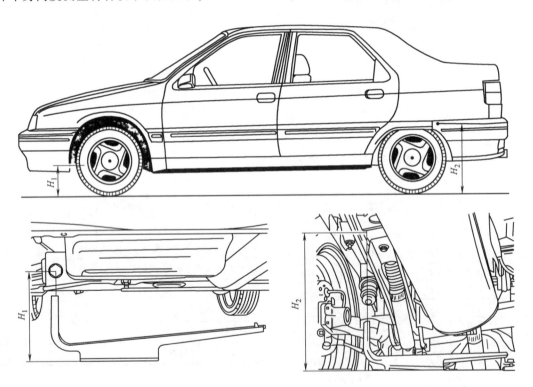

图 8-2　前、后悬架整体状态（车辆高度）

$H_1$—三角臂前弹性铰接中心到地面的高度

$H_2$—后轴后弹性连接与车身地板的连接面到地面的高度

其技术规范要求见表 8-4。测量时，对左、右侧高度分别测量 3 次取平均值，然后两个平均值再平均。左、右两侧的高度差应小于 10mm。

车辆悬架系统在行驶了 10000km 或 6 个月后，更换悬架及其配件后，均要对悬架的定位角度进行必要的调整。

### 三、悬架拆装专用工具

**1. 前悬架弹簧拆装专用工具**

前悬架弹簧拆装专用工具如图 8-3 所示。

将前悬架减振器和螺旋弹簧总成拆卸后，使用弹簧保持架固定螺旋弹簧，将工具安装于台虎钳中，用弹簧压缩器压缩减振器后，取出螺旋弹簧。

**2. 转向节口分离杠**

转向节口分离杠的主要作用是拆卸前悬架转向节时，插入转向节夹口中，转动使转向节夹口张开，以便于拆卸，如图 8-4 所示。

表 8-4　前、后悬架整体状态（车辆高度）

| 标识 | $H_1$ | $H_2$ |
|---|---|---|
| 参考状态/mm | 193 | 376 |

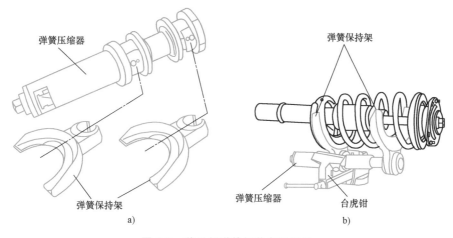

a)　　　　　　　　　　　　b)

图 8-3　前悬架弹簧拆装专用工具

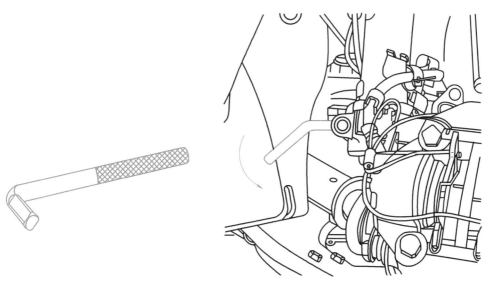

图 8-4　转向节口分离杠

**3. 后扭力杆拆卸专用工具**

后扭力杆在拆装过程中涉及后悬架一些状态参数，为满足拆卸参数，需要使用一些专用工具，如图 8-5~图 8-9 所示。

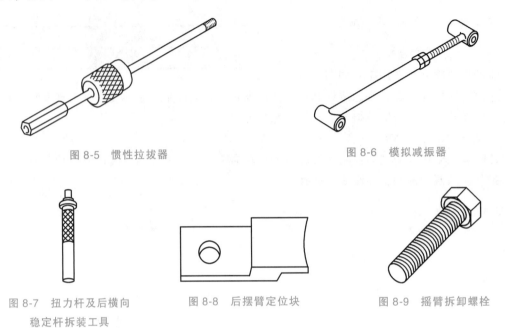

图 8-5　惯性拉拔器　　　　　　　　　　　　图 8-6　模拟减振器

图 8-7　扭力杆及后横向　　图 8-8　后摆臂定位块　　　图 8-9　摇臂拆卸螺栓
稳定杆拆装工具

## 任务二　前悬架拆装与调整

### 一、前悬架的拆卸

1）将前轮轮胎螺栓拧松。

2）稳固举升车辆，拆下前轮。

3）拆下前减振器与稳定杆连接杆的固定螺母、前减振器在转向节上的固定螺栓 1、制动管在转向节上的固定螺栓 2，如图 8-10 所示。

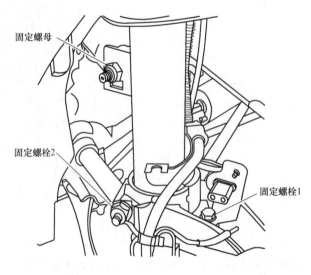

固定螺母

固定螺栓2

固定螺栓1

图 8-10　拆卸前减振器

4）将转向节口分离杠放在转向节开口位置，转动该工具使转向节的夹口张开，如图 8-14 所示。

5）拆下减振器固定螺栓，拆下前减振器总成，如图 8-11 所示。

6）分解前减振器。

① 分解减振器时，将专用工具固定在台虎钳上，使压缩器的上、下压叉插入到弹簧的上、下部，再慢慢地转动丝杠收紧压叉，如图 8-3b 所示。

② 用压缩器压缩弹簧，使弹簧压缩到刚好能够拆下端部的固定螺母即可。用扳手拆掉端部的固定螺母，然后渐渐松开弹簧压缩器，分解减振器各个零部件，如图 8-12 所示。

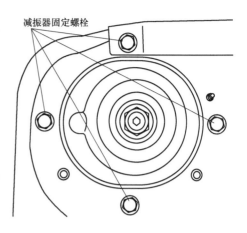

图 8-11　拆卸减振器固定螺栓

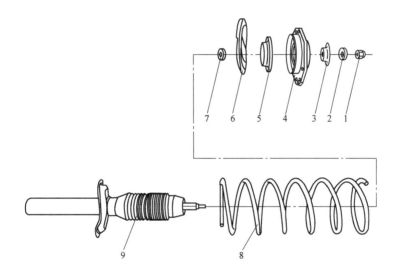

图 8-12　分解前减振器

1—安装螺栓　2、7—垫圈　3—上支撑盖座　4—止动球轴承架　5—止动球轴承
6—弹簧上支架　8—螺旋弹簧　9—减振器

7）拆卸横向稳定杆。

① 拆卸横向稳定杆与连接杆的固定螺母，将二者分离，如图 8-13 所示。

② 拆下转向器输入轴联接螺母及螺栓，如图 8-14 所示。

③ 拧下托架固定螺栓 1、2 和发动机后支架弹性模块固定螺母，松开托架固定螺栓，如图 8-15 所示。

④ 把托架降到距离车身大约 65mm 的地方，用一个垫块支撑保持这个状态，取下横向稳定杆，如图 8-16 所示。

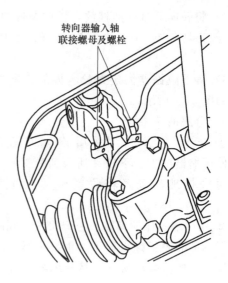

图 8-13　分离横向稳定杆和连接杆　　　　　　　图 8-14　分离转向器输入轴

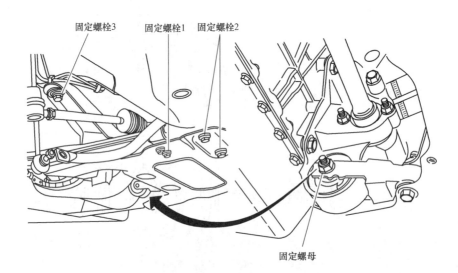

图 8-15　拆卸托架螺栓

## 二、前悬架的安装

1）安装横向稳定杆，安装固定螺栓 1、2 和发动机后支架弹性模块固定螺母，拧紧托架固定螺栓，如图 8-15 所示。其拧紧力矩分别为：固定螺栓 1 为 65N·m，固定螺栓 2 为 87N·m，发动机后支架弹性模块固定螺母为 50N·m，托架固定螺栓 3 为 87N·m。

2）安装转向器输入轴联接螺母及螺栓，拧紧螺栓，如图 8-14 所示。

3）连接横向稳定杆与连接杆的固定螺母，如图 8-13 所示，其拧紧力矩为 40N·m。

4）组装减振器与螺旋弹簧。用压缩器放松弹簧，使弹簧放松到能够安装下端部的固定螺母即可，用扳手紧固端部的固定螺母，其拧紧力矩为 45N·m。然后逐渐松开弹簧压缩

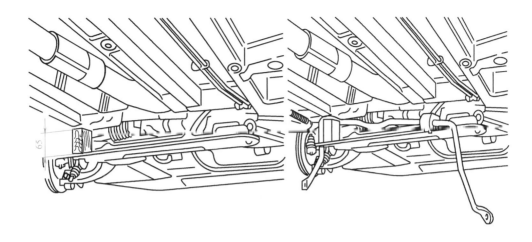

图 8-16　取下横向稳定杆

器，如图 8-12 所示。在松开弹簧的过程中，确保弹簧在上、下底座中。

5）安装前减振器总成。将减振器与车身联接螺栓紧固，如图 8-11 所示。4 个螺栓拧紧力矩为 25N·m。注意：安装时凸台朝前，保证减振器安装定位角。

6）安装制动管在转向节上的固定螺栓，其拧紧力矩为 45N·m，使转向节口紧闭。

7）安装前减振器在转向节上的固定螺栓，如图 8-4 所示，其拧紧力矩为 25N·m。

8）安装前减振器与稳定杆连接杆的固定螺母，其拧紧力矩为 40N·m，如图 8-10 所示。

9）安装前轮胎。

10）放下车辆，紧固轮胎螺栓。

### 三、安装注意事项

1）在前减振器拆卸过程中，应使传动轴保持在差速器当中。

2）螺母拆卸之后重新安装时，必须更换尼龙自锁螺母，按照规定力矩紧固，并在螺栓上涂上防松胶。

3）前横向稳定杆安装前，应检查其平衡度。在安装时，应正确识别支撑座位置状态。

## 任务三　后悬架拆装与调整

### 一、后悬架的拆卸

#### 1. 后减振器的拆卸

1）松开后轮胎螺栓，用举升器稳固地举升汽车。

2）拆卸后轮胎螺栓，拆下车轮。

3）拆卸后轮驻车制动拉索固定卡。如图 8-17 所示，将图中 a 处固定卡拆卸。

4）在车辆后减振器部分，依次拆下减振器上固定螺栓、减振器下固定螺栓和制动管路固定支架，如图 8-18 所示。

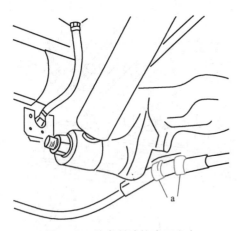

图 8-17　驻车制动拉索固定卡

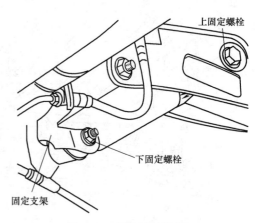

图 8-18　拆卸后减振器

5）拆卸后减振器。

2. 后横向稳定杆总成的拆卸

1）松开后轮胎螺栓，用举升器稳固地举升汽车。

2）拆卸后轮胎螺栓，拆下车轮。

3）拆下横向稳定杆摇臂紧固螺栓、垫圈和螺塞，如图 8-19 所示。

4）用专用工具（螺栓），慢慢顶出横向稳定杆固定板，如图 8-20 所示。

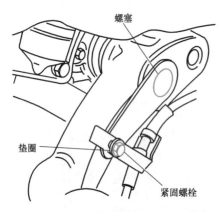

图 8-19　横向稳定杆紧固螺栓、垫圈及螺塞

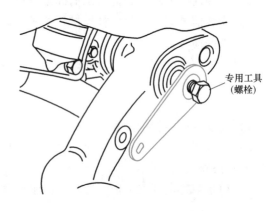

图 8-20　拆卸横向稳定杆固定板

5）同上方法，拆卸另一侧横向稳定杆固定板，最后拆下横向稳定杆。

6）横向稳定杆固定板与稳定杆通过花键连接，过盈配合，如图 8-21 所示。

7）将横向稳定杆固定于台虎钳中，使用专用工具将横向稳定杆与固定板分离、拆卸，如图 8-22 所示。

3. 后扭力杆总成的拆卸

1）松开后轮胎螺栓，用举升器稳固地举升汽车。

2）拆卸后轮胎螺栓，拆下车轮。

3）拆卸后轮驻车制动拉索固定卡，如图 8-17 所示。

4）利用专用工具拆卸横向稳定杆固定板，如图 8-20 所示。

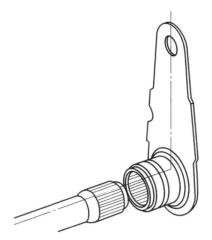

图 8-21　横向稳定杆与固定板连接方式

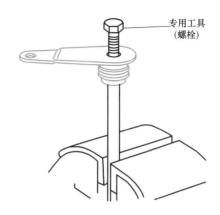

专用工具
（螺栓）

图 8-22　分离横向稳定杆和固定板

5）拆卸后减振器总成。

6）安装专用工具（模拟减振器）。调整模拟减振器的长度，如图 8-23 所示。将其两端的销孔分别套入上、下减振器螺栓，必要时可托起摆臂，以减轻其重量对扭力杆的影响，最后拧紧螺母（此工具起保护作用，防止摆臂对扭力杆产生力，拆卸困难）。

7）拆卸一侧的横向稳定器固定板螺栓与垫圈，如图 8-24 所示。拆完一侧，按同样方法拆卸另一侧横向稳定器固定板螺栓与垫圈。

8）拆卸固定板前，在固定板与横向稳定杆用冲孔器或笔做出 a 和 b 两个记号，以标示出扭力杆在摆臂内的位置，如图 8-25 所示。

9）使用专用工具（惯性拉拔器）和后扭力杆及横向稳定杆拆卸工具将后扭力杆杆部的

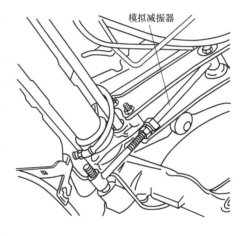

模拟减振器

图 8-23　安装模拟减振器

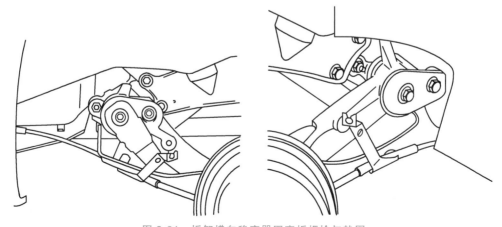

图 8-24　拆卸横向稳定器固定板螺栓与垫圈

螺纹旋入扭力杆端的螺孔内，然后利用惯性拉拔器的惯性冲击力将扭力杆弹簧拔出，如图8-26所示。拆卸时，固定住摆臂，以保证摆臂与扭力杆不再向外移动。

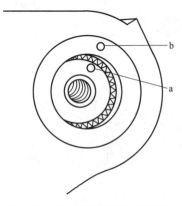

图 8-25　扭力杆与摆臂位置标示

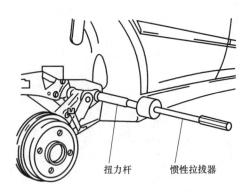

图 8-26　拆卸扭力杆弹簧

10）拆下惯性拉拔器和后扭力杆及横向稳定杆拆卸工具，并用木块垫住摆臂，如图8-27所示，使摆臂大致保持原有的位置。

11）拆卸后摆臂总成。

## 二、后悬架的安装与调整

### 1. 后减振器的安装与调整

1）将后减振器安放到位。

2）在车辆后减振器部分，依次安装减振器上固定螺栓、减振器下固定螺栓和制动管路固定支架，如图8-18所示。

图 8-27　后摆臂支撑

3）安装减振器上固定螺栓，螺栓头朝内，拧紧力矩为75N·m，安装减振器下固定螺栓，螺栓头朝外，拧紧力矩为120N·m，如图8-18所示。

4）安装制动管路固定支架，如图8-18所示。

5）安装驻车制动拉索固定卡，如图8-17所示。

### 2. 后横向稳定杆的安装与调整

1）将横向稳定杆和稳定杆固定板花键清理干净，如图8-21所示。花键处必须使用G7润滑脂进行润滑，同时对螺钉部分进行润滑。

2）在稳定杆固定板上安装新的油封和衬套，如图8-28所示，并对新的油封和衬套进行必要的润滑。

3）把稳定杆固定板安装到横向稳定杆上时，把稳定杆上缺口和固定板上轴线对齐。

4）将横向稳定杆和固定板固定于台虎钳上，如图8-29所示。将丝杠顶入固定板螺栓孔内，垫上垫圈，带上螺母，拧紧螺母直到横向稳定杆固定板的端头止动限定在横向稳定杆固定板里，使得丝杠不能转动为止。如果拧紧力过大，可用其他工具敲击固定板，使得固定板下行到位。

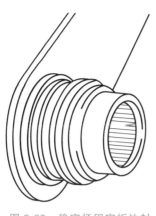

图 8-28　稳定杆固定板油封

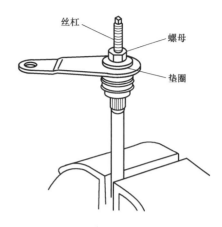

图 8-29　安装横向稳定杆固定板（一）

5）横向稳定杆与固定板安装到位后，取下丝杠和螺栓等工具，并找一个临时螺栓固定稳定杆和固定板，轻轻带紧即可，如图 8-30 所示。

6）安装左侧横向稳定杆和固定板，如图 8-31 所示。把横向稳定杆慢慢地插入后轴套管内，直到稳定杆固定板与后摆臂接触为止。安装驻车制动器固定支架，安装垫圈和螺栓，其拧紧力矩为 25N·m。

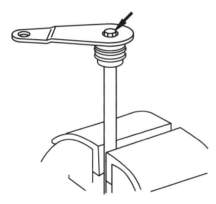

图 8-30　安装横向稳定杆固定板（二）

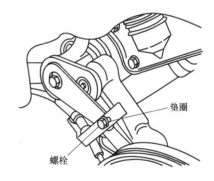

图 8-31　安装左侧横向稳定杆和固定板

7）安装右侧横向稳定杆和固定板，用润滑脂 G7 润滑密封圈，装上丝杠，如图 8-32 所示。插入横向稳定杆固定板，调整方向，使得孔眼 b 与螺孔 c 对齐。

8）安装垫圈和螺母，在横向稳定杆固定板和后摆臂之间塞入一个厚度为 1mm 的塞尺，如图 8-33 所示。拧紧螺母，当横向稳定杆固定板与塞尺刚接触时，立即停止拧紧螺母。

9）拆卸丝杠工具，安装驻车制动器固定支架，安装螺栓和垫圈，如图 8-19 所示。螺栓的

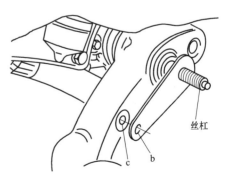

图 8-32　安装右侧横向稳定杆和固定板

拧紧力矩为 25N·m。最后，将螺塞安装到位。

10) 将左侧横向稳定杆固定板螺栓再次紧固，如图 8-30 所示，将左侧螺塞安装到位。

11) 安装后车轮，安装后车轮轮胎螺栓。

12) 降下汽车，紧固后车轮轮胎螺栓。

3. 扭力弹簧的安装与调整

1) 调整模拟减振器的标高，如图 8-34 所示。如果是修正减振器的标高，应将模拟减振器标高调整到标准值，标准值为 346mm。如果是其他，如修理、更换减振器等情况，应将模拟减振器标高调整到拆卸时的标高值。

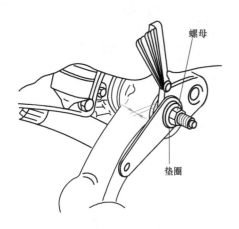

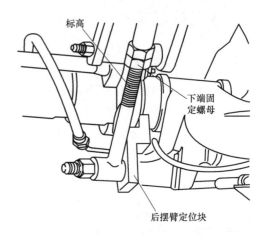

图 8-33　调整右侧横向稳定杆固定板间隙　　　图 8-34　调整模拟减振器的标高

2) 安装后摆臂定位块，图 8-34 中所示，安装模拟减振器（已调整好）。在安装过程中，应注意选择模拟减振器与定位块的接触面，使模拟减振器的轴线到定位块的距离最短。

3) 拧紧图 8-34 中下端固定螺母，同时将上端锁紧螺母锁紧。

4) 清洗扭力杆两端的花键轴和后摆臂内花键轴，清洗后分别涂抹润滑脂 G7。

5) 安装扭力杆时，注意区分左右。左侧扭力杆上有两道油漆标线，右侧扭力杆上有一道油漆标线。

6) 将双头螺栓直径小的一端拧入扭力杆端头的孔内，并拧到底，如图 8-35 所示。同时将后稳定杆及扭力杆拆卸专用工具和惯性拉拔器安装到扭力杆另一端，如图 8-36 所示。

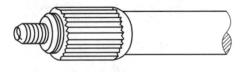
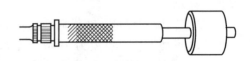

图 8-35　双头螺栓　　　　　　　　　　　图 8-36　安装专用工具

7) 将扭力杆插入到后摆臂座孔内。对于拆卸时没有标示安装标记的扭力杆，要逐齿转动扭力杆，寻找能自由插入后摆臂座孔内 8~10mm 的位置，并借助惯性拉拔器经扭力杆安装到位，如图 8-26 所示。对于拆卸有安装标记的扭力杆，只要将扭力杆标记与后摆臂标记对齐，插入后摆臂座孔内 8~10mm，借助惯性拉拔器将扭力杆安装到位。

注意：扭力杆两端的花键齿分别为 30 齿和 32 齿，在直径方向上有两个对应的位置，在此方向上可以使扭力杆自由插入摆臂座孔而不使车身地板高度发生变化。

8）拆卸专用工具。将惯性拉拔器和后稳定杆与扭力杆拆卸工具取下，安装垫圈并拧紧螺栓，如图 8-37 所示，其拧紧力矩为 20N·m。

9）用厚度为 0.05mm 的塞尺检查定位块是否很好地贴合在轴管支架上。如果不符合间隙要求，则用敲击工具敲击后摆臂，使其到位，如图 8-38 所示。

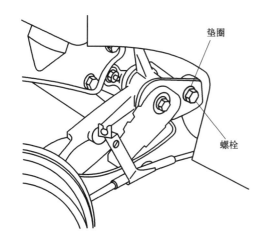

图 8-37　安装扭力杆螺栓

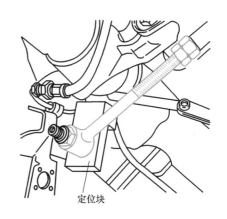

图 8-38　调整定位块

10）安装扭力杆另一侧，拧紧双头螺栓，使之和限位碗接触，如图 8-39 所示。在双头螺栓和限位碗刚接触时，立即停止拧紧双头螺栓，否则扭力杆会回到轴管支架座孔内。安装垫圈和防松螺母，用螺钉旋具拧紧双头螺栓，拧紧防松螺母。

11）上述过程安装到位后，拆卸专用工具定位块和模拟减振器。

12）安装横向稳定杆固定板。

13）安装减振器。

14）安装后车轮及轮胎螺栓。

15）降下汽车并紧固轮胎螺栓。

三、拆装后悬架注意事项

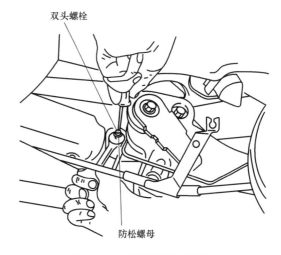

图 8-39　安装调整双头螺栓

1）在拆扭力杆弹簧前，应注意扭力杆弹簧与减振器的相互位置关系。

2）扭力杆弹簧和摆臂的相对位置要有支撑性定位。

3）安装扭力杆弹簧时，切勿将左、右扭力杆弹簧装错。

# 实训工作页

## 汽车拆装与调整实训工作页一

| 任务名称 | 整车拆装前期准备 | 日期 | | 班级 | | 成绩 | |
|---|---|---|---|---|---|---|---|
| 小组成员 | | | | | | | |
| 教学设备 | 爱丽舍轿车、拆装专用设备和工具等 | | | 实训场地 | | | |
| 学习目标 | 知识目标 | 1. 掌握整车外观及结构<br>2. 掌握外观部件及覆盖件的名称 | | | | | |
| | 能力目标 | 能够熟练说出整车外观部件的名称及结构特点 | | | | | |
| | 素质目标 | 1. 爱护车辆<br>2. 具有良好的安全意识、团队意识和环保意识<br>3. 具备 8S 工作规范 | | | | | |
| 工作任务 | 认识整车外观及结构 | | | | | | |

一、你所看到的汽车,从外观上看都有哪些零部件及覆盖件? 请写出这些部件的名称。

二、汽车的基本技术特征包括哪些? 请写出这些基本特征的参数名称。

三、请写出图 1.1 中序号 1~18 所指部件名称。

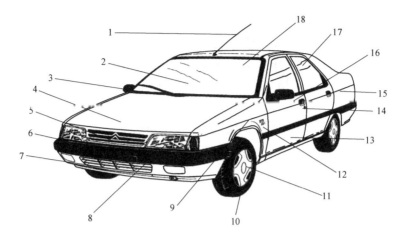

图 1.1

1. _____ 2. _____ 3. _____
4. _____ 5. _____ 6. _____
7. _____ 8. _____ 9. _____
10. _____ 11. _____ 12. _____
13. _____ 14. _____ 15. _____
16. _____ 17. _____ 18. _____

四、图 1.1 中序号 6 所代表的零件内部包括哪些部件？序号 3 正常有几个档位？

五、在实车上观察后，请写出图 1.1 中序号 11 所表示部件的型号，并说出该型号所表示的意义。

六、在实车上查找后,把图1.2中1~7所指部件的名称或说明填在右边的空格中。

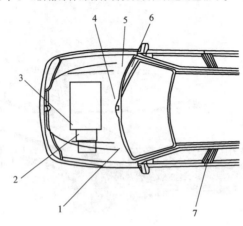

图 1.2

1. _____  2. _____  3. _____
4. _____  5. _____  6. _____
7. _____

七、请写出液压式高位举升机的使用方法与注意事项。

八、请写出卧式千斤顶的使用方法与注意事项。

九、请根据任务完成的情况,对自己的工作进行自我评估,并提出改进意见。

教师签字:_____

# 汽车拆装与调整实训工作页二

| 任务名称 | 汽车车身装备拆装与调整 | 日期 | | 班级 | | 成绩 | |
|---|---|---|---|---|---|---|---|
| 小组成员 | | | | | | | |
| 教学设备 | 爱丽舍轿车、拆装专用设备和工具等 | | 实训场地 | | | | |
| 学习目标 | 知识目标 | 1. 掌握汽车车身系统的结构及其各部件之间的连接关系<br>2. 掌握汽车车身装备拆装与调整的工艺流程和技术标准 | | | | | |
| | 能力目标 | 1. 能够熟练对汽车车身部件进行拆解与安装<br>2. 能正确且熟练地使用汽车车身拆装与调整常用工具 | | | | | |
| | 素质目标 | 1. 爱护车辆<br>2. 具有良好的安全意识、团队意识和环保意识<br>3. 具备 8S 工作规范 | | | | | |
| 工作任务 | 爱丽舍轿车车身部件拆装与调整 | | | | | | |

一、填空题

1. 爱丽舍轿车前部车身装备主要由_____、_____、_____、_____和_____等结构部件组成。

2. 爱丽舍轿车前后共有__个牵引点，其主要的作用是_____。

3. 安装完发动机舱盖后，通过螺栓调整发动机舱盖间隙，使发动机舱盖与前翼子板、前照灯的间隙达到标准，如图 2.1 所示。

1 处标准值为_____。

2 处标准值为_____。

3 处标准值为_____。

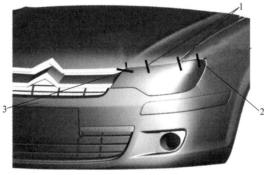

图 2.1

二、请写出汽车车身装备拆装与调整的安全注意事项。

三、安装完前照灯后,检查灯光照射角度。如果发现前照灯照射角度不对,请写出调整步骤。

四、安装完前照灯后,发现左前照灯与发动机舱盖间隙非常大,请写出具体调整步骤。

五、安装完前雾灯后,发现前雾灯均不亮,请分析原因,并写出具体检测步骤及维修方法。

六、请根据任务完成的情况,对自己的工作进行自我评估,并提出改进意见。

教师签字:_____

# 汽车拆装与调整实训工作页三

| 任务名称 | 仪表台及车辆电器拆装与调整 | 日期 | | 班级 | | 成绩 | |
|---|---|---|---|---|---|---|---|
| 小组成员 | | | | | | | |
| 教学设备 | 爱丽舍轿车、拆装专用设备和工具等 | | | 实训场地 | | | |
| 学习目标 | 知识目标 | 1. 了解汽车仪表及仪表台、车辆电器及线束的构成和各部件的连接关系<br>2. 掌握仪表台及电器装备拆装与调整的工艺流程和技术标准 | | | | | |
| | 能力目标 | 1. 能正确和熟练地使用汽车仪表台及电器装备拆装与调整常用工具<br>2. 能按照企业作业标准对汽车仪表台及电器装备进行拆卸、安装和调整 | | | | | |
| | 素质目标 | 1. 爱护车辆<br>2. 具有良好的安全意识、团队意识和环保意识<br>3. 具备 8S 工作规范 | | | | | |
| 工作任务 | 爱丽舍轿车仪表台与汽车电器的拆装调整 | | | | | | |

一、图 3.1 是仪表上的指示灯,请按序号写出指示灯的名称。

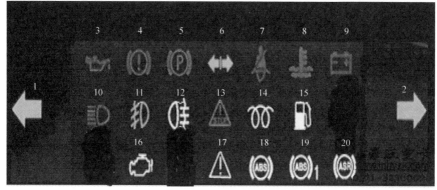

图 3.1

1. _____  2. _____  3. _____

4. _____  5. _____  6. _____

7. _____  8. _____  9. _____

10. _____  11. _____  12. _____

13. _____  14. _____  15. _____

16. _____  17. _____  18. _____

19. _____  20. _____

项目九 实训工作页

二、观察实车后,请写出图3.2中各序号所表示的功能意义。

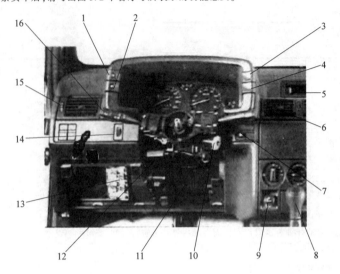

1. _____
2. _____
3. _____
4. _____
5. _____
6. _____
7. _____
8. _____
9. _____
10. _____
11. _____
12. _____
13. _____
14. _____
15. _____
16. _____

图 3.2

三、拆装仪表板后,转动转向盘有异响声,请分析故障原因并给出排除方法。

四、请具体写出插接器的拆卸方法及注意事项。

五、请根据爱丽舍轿车点火开关的表示方法(图3.3),具体说明点火开关的工作状态。

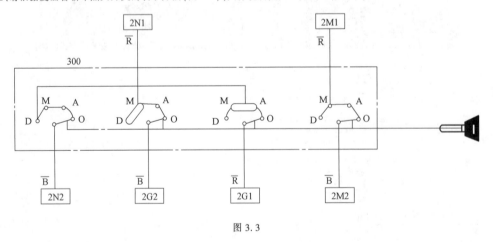

图 3.3

六、请具体写出熔断器检查及维修的方法。

七、请写出蓄电池拆卸及安装的注意事项。

八、请写出线束安装与检修的注意事项。

九、请根据任务完成的情况,对自己的工作进行自我评估,并提出改进意见。

教师签字:_____

# 汽车拆装与调整实训工作页四

| 任务名称 | 空调系统总成拆装与调整 | 日期 | | 班级 | | 成绩 | |
|---|---|---|---|---|---|---|---|
| 小组成员 | | | | | | | |
| 教学设备 | 爱丽舍轿车、拆装专用设备和工具等 | | 实训场地 | | | | |
| 学习目标 | 知识目标 | 1. 掌握汽车空调系统的结构和各部件之间的连接关系<br>2. 掌握汽车空调系统的工作原理 | | | | | |
| | 能力目标 | 1. 能够熟练对汽车空调系统进行拆解与安装<br>2. 能正确排除空调系统的故障 | | | | | |
| | 素质目标 | 1. 爱护车辆<br>2. 具有良好的安全意识、团队意识和环保意识<br>3. 具备 8S 工作规范 | | | | | |
| 工作任务 | 爱丽舍轿车空调系统的拆装与故障排除 | | | | | | |

一、判断题

1. 空调系统包括制冷装置和制热装置。（　　）
2. 驾驶室内有积水是空调系统堵塞造成的。（　　）
3. 拆卸空调系统管路后，管接头密封圈要视情况更换，不是所有的都更换。（　　）
4. 不同车型空调系统的工作原理是一样的，所以空调系统的冷冻机油可以混用。（　　）
5. 如果空调系统压力值小于最低压力或高于最高压力，压缩机都不会工作。（　　）
6. R134a 可回收后重复使用。（　　）
7. 从压缩机出来的是高温高压液体。（　　）
8. 蒸发器温度传感器的工作是受外界温度影响的。（　　）
9. 空调压力传感器不会影响风扇的工作。（　　）
10. 空调系统的干燥瓶应定期更换。（　　）
11. 阳光温度传感器损坏后，空调系统处于降级模式，导致风扇一直高速旋转。（　　）
12. 即使在冬季，也应定期使用空调，以保证系统的密封性。（　　）
13. 车辆的空调系统按工作原理分为手动空调和自动空调。（　　）
14. 即便空调系统的密封性很好，每年都有一定的泄漏量，泄漏量是 200mg 左右。（　　）
15. 汽车空调系统所用的 R134a 可用于家用空调中。（　　）
16. 空调系统工作 5min 后，从视液窗中看到有浅黄色的气液混合物流过，是制冷剂过多造成的。（　　）
17. 如果发动机冷却系统冷却液温度异常高，将影响空调系统的工作。（　　）
18. 冷凝器和散热器前后布置的车辆，冷凝器在散热器的后面。（　　）
19. 储液干燥器安装在压缩机与冷凝器之间。（　　）
20. 冷凝器的作用是气态制冷剂冷却成液态制冷剂。（　　）
21. 系统抽真空后，应先关闭高压、低压手动阀，再关闭真空泵。（　　）
22. 当空调系统维修时，场地应干燥、干净、通风、无明火。（　　）
23. 可用空气泵向空调系统泵入空气来测试泄漏部位。（　　）
24. 当加注完制冷剂时，应先将红色软管从歧管压力表组一端拆下，再将红色软管从检修阀上拆下。（　　）
25. 急速继电器的作用是当发动机处于急速工况时，自动切断电磁离合器电路，使压缩机停止工作。（　　）
26. 空调压缩机在工作过程中不停地吸合和断开是由于空调系统压力过高造成的。（　　）

二、请写出图 4.1 中各开关的名称。

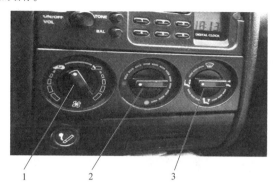

图 4.1

1. _____
2. _____
3. _____

三、请写出图 4.2 各序号所代表的空调系统的部件名称。

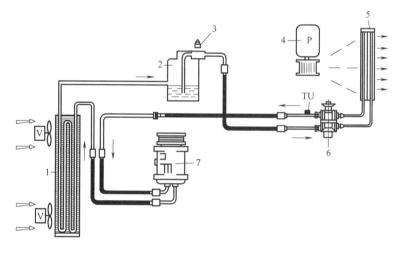

图 4.2

1. _____ 2. _____
3. _____ 4. _____
5. _____ 6. _____
7. _____

空调系统中蒸发器结冰的原因是：_____
_____。

四、看图回答

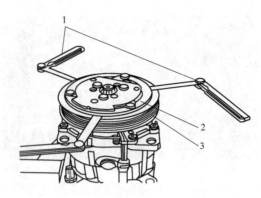

图 4.3

1. 图 4.3 所示是测量 ＿＿＿＿＿＿＿＿ 和 ＿＿＿＿＿＿＿＿＿＿ 之间的间隙。

2. 该间隙为 ＿＿＿＿＿＿＿＿＿ mm。

五、用户反映自己的车辆空调制冷效果不好,技师在检修时首先会检查空调的系统压力,请写出检查空调系统压力的前提条件。

六、根据所学知识,总结引起空调系统压力不正常的故障原因,并完成下表。

| | 低压太低 | 低压正常 | 低压太高 |
|---|---|---|---|
| 高压太低 | | | |
| 高压正常 | | | |
| 高压太高 | | | |

七、请根据任务完成的情况,对自己的工作进行自我评估,并提出改进意见。

教师签字：＿＿＿＿＿

# 汽车拆装与调整实训工作页五

| 任务名称 | 发动机总成拆装与调整 | 日期 | | 班级 | | 成绩 | |
|---|---|---|---|---|---|---|---|
| 小组成员 | | | | | | | |
| 教学设备 | 爱丽舍轿车、拆装专用设备和工具等 | | 实训场地 | | | | |

| 学习目标 | 知识目标 | 1. 掌握发动机拆装的工艺要求及调整标准<br>2. 掌握发动机外围部件的名称及工作原理 |
|---|---|---|
| | 能力目标 | 能够熟练安全地将发动机从整车上拆卸下来,再安装回车辆上并进行调整 |
| | 素质目标 | 1. 爱护车辆<br>2. 具有良好的安全意识、团队意识和环保意识<br>3. 具备 8S 工作规范 |

| 工作任务 | 安全、熟练地将发动机总成从车辆上拆下并进行装复与调整 |
|---|---|

一、填空

1. 汽车由_____、_____、_____和_____四部分组成。一般的发动机由_____、_____、_____、_____、_____、_____、_____和_____组成。

2. 汽车发动机"五油两液"指_____、_____、_____、_____、_____、_____、_____。

3. 当拆卸发动机时,拆卸的第一步是将发动机与_____相连的部分拆卸。

二、请写出发动机组成中各系统的作用。

三、在实车上观察,发动机在车辆上有几个固定支座,请写出固定支座的名称及结构特点。

四、请写出图 5.1 中各序号所指零部件的名称。

图 5.1

1. _____  2. _____  3. _____

4. _____  5. _____  6. _____

7. _____  8. _____  9. _____

10. _____  11. _____  12. _____

五、请写出图 5.2 中 1~12 序号所指部件的名称。

图 5.2

1. _____  2. _____  3. _____

4. _____  5. _____  6. _____

7. _____  8. _____  9. _____

10. _____  11. _____  12. _____

六、请制订发动机总成拆卸的工作计划。

1. _____ 。
2. _____ 。
3. _____ 。
4. _____ 。
5. _____ 。
6. _____ 。

七、发动机拆卸过程中应注意的事项有哪些?




八、拆卸的发动机上有哪些传感器和执行器?




九、查阅相关资料信息,结合实车,完成下表。

| 发动机型号 | |
| --- | --- |
| 总排量/$cm^3$ | |
| (缸径/mm)×(行程/mm) | |
| 压缩比 | |
| 额定功率/转速 | |
| 最大转矩/转速 | |
| 燃料 | |
| 三元催化转化器 | |
| EGR 阀 | |
| 喷油系统 | |
| 供应商 | |


教师签字:_____

# 汽车拆装与调整实训工作页六

| 任务名称 | 制动系统总成拆装与调整 | 日期 | | 班级 | | 成绩 | |
|---|---|---|---|---|---|---|---|
| 小组成员 | | | | | | | |
| 教学设备 | 爱丽舍轿车、拆装专用设备和工具等 | | 实训场地 | | | | |
| 学习目标 | 知识目标 | 1. 掌握汽车制动系统的结构及其各部件之间的连接关系<br>2. 掌握汽车制动系统的工作原理 | | | | | |
| | 能力目标 | 1. 能够熟练地对汽车制动系统进行拆解与安装<br>2. 能正确调整并排除制动系统的故障 | | | | | |
| | 素质目标 | 1. 爱护车辆<br>2. 具有良好的安全意识、团队意识和环保意识<br>3. 具备 8S 工作规范 | | | | | |
| 工作任务 | 爱丽舍轿车制动系统的拆装、调整及故障排除 | | | | | | |

一、填空题

1. 影响汽车行驶的外力包括＿＿＿＿＿＿、＿＿＿＿＿＿和＿＿＿＿＿＿。

2. 汽车制动系统按功用可分为＿＿＿＿＿＿和＿＿＿＿＿＿。

3. 汽车制动器按结构形式可分为＿＿＿＿＿制动器和＿＿＿＿＿制动器。

4. 真空助力器上的真空管与发动机的＿＿＿＿＿相连,以获得真空助力。

5. 汽车制动系统的功用是＿＿＿＿＿＿＿＿＿＿＿＿＿＿＿＿＿＿＿

＿＿＿＿＿＿＿＿＿＿＿＿＿＿＿＿＿。

6. 车辆行驶过程中踩制动踏板时制动踏板"发硬",应检查＿＿＿＿＿是否堵塞和＿＿＿＿＿＿＿＿

＿＿＿是否漏气。

7. 车辆停在下坡的坡道上,起动发动机,松开驻车制动器手柄,将制动踏板踩到底,短时间内感到车辆有向前溜的感觉,可能是＿＿＿＿＿＿故障。

8. 车辆起动后,左制动灯、右制动灯、高位制动灯都不亮,应首先检查＿＿＿＿＿＿＿。

9. 雪铁龙汽车制动油的更换周期是＿＿＿＿＿＿＿＿＿。更换制动油后,要对制动系统进行排空气,排空气时用到的专用工具(设备)是＿＿＿＿＿＿＿＿。从安全和环保来考虑,写出排空气的方法步骤。

＿＿＿＿＿＿＿＿＿＿＿＿＿＿＿＿＿＿＿＿＿＿＿＿＿＿＿＿＿＿＿＿＿＿＿＿＿＿＿

＿＿＿＿＿＿＿＿＿＿＿＿＿。

10. 不同品牌的制动液＿＿＿＿混合使用,对制动液使用性能的要求是＿＿＿＿＿＿＿＿＿＿＿＿

＿＿＿＿＿＿＿＿＿＿＿＿＿。

9 UNIT

二、看图填空

1）参照图6.1，写出制动系统各部件的名称。

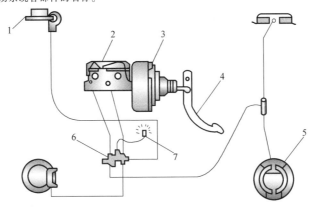

图 6.1

1._____ 2._____ 3._____ 4._____

5._____ 6._____ 7._____

2）在图6.1中，所缺少的电器制动部件是_____，该部件安装在_____。

3）若该制动系统是带ABS的液压制动系统，则缺少的部件是_____、_____、_____、_____、

_____、_____、_____、_____、_____。

4）带ABS的液压制动系统，车辆达到一定速度急踩制动踏板时感到制动踏板抖动，抖动的原因是_____

_____。

三、看图填空

1）请写出图6.2中序号所指零部件的名称。

1._____ 2._____ 3._____ 4._____

5._____ 6._____ 7._____ 8._____

2）在图6.2中，易损坏的零部件是_____，损坏的形式是_____。

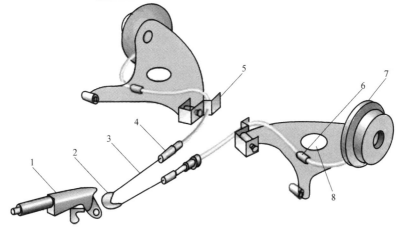

图 6.2

四、看图填空

1. 图 6.3 所示是在做 _____ 的检查,图中序号 1 是 _____,序号 2 是 _____
____。

2. 制动盘端面的圆跳动量应 ≤ _____ mm。

3. 若制动盘的端面圆跳动量超过标准,车辆在 _____ 行驶过程中踩制动踏板,制动踏板会出现 _____
_____ 的故障现象。

五、看图填空

1)请写出图 6.4 中各序号所指零部件的名称。

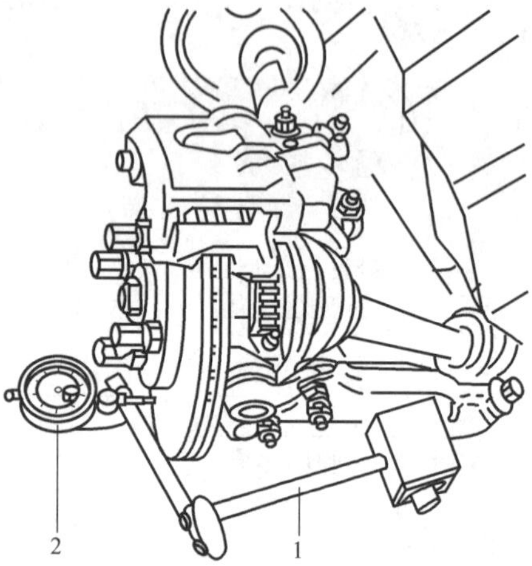

图 6.3

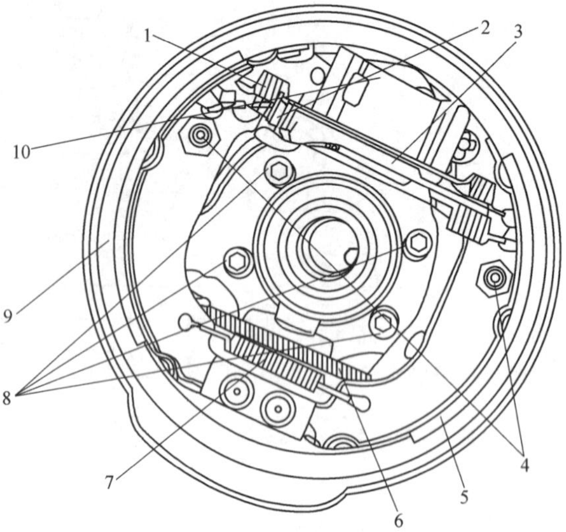

图 6.4

1. _____   2. _____
3. _____   4. _____
5. _____   6. _____
7. _____   8. _____
9. _____   10. _____

2)为了防止 8 松动,在安装时应采取的措施是 _____
_____。

3)在 5 和 9 中,磨损量最大的是 _____。

4)在调整驻车制动间隙时,应用平口螺钉旋具拨动图 6.4 中的 _____(填序号)。

5)安装 4 时,所用到的专用工具名称是 _____。

6)拆掉后制动鼓,在检查图 6.4 时,应检查:

_____
_____

六、请根据任务完成的情况,对自己的工作进行自我评估,并提出改进意见。

教师签字:_____

# 汽车拆装与调整实训工作页七

| 任务名称 | 前、后桥总成<br>拆装与调整 | 日期 | | 班级 | | 成绩 | |
|---|---|---|---|---|---|---|---|
| 小组成员 | | | | | | | |
| 教学设备 | 爱丽舍轿车，拆装专用设备<br>和工具等 | | 实训场地 | | | | |

| 学习目标 | 知识目标 | 1. 掌握前桥拆装工具的正确使用方法<br>2. 掌握前桥的结构及其各部件之间的连接关系 |
|---|---|---|
| | 能力目标 | 能够熟练地对前桥进行拆解与安装，并能判断出前桥所引起的故障 |
| | 素质目标 | 1. 爱护车辆<br>2. 具有良好的安全意识、团队意识和环保意识<br>3. 具备 8S 工作规范 |
| 工作任务 | 爱丽舍轿车前桥的拆装 | |

一、填空题

1. 爱丽舍轿车前桥是_____式独立悬架，该独立悬架的优点是_____

_____。

2. 汽车的前轮定位参数有_____、_____、_____、_____。

3. 前横向稳定杆的作用是_____。

4. 爱丽舍轿车轮胎螺栓的拧紧力矩是_____N·m，前减振器上支座螺母的拧紧力矩是_____，前轴大螺母拧紧力矩是_____。

5. 该车前轮前束是_____。

6. 汽车在轮胎正常情况下行驶跑偏，则应首先检查_____。

7. 拆转向节时，用到的专用工具名称是_____。

8. 图 7.1 所示的专用工具是拆_____时要用到的，工具名称是_____。

9. 在实车上观察后总结，爱丽舍轿车前桥包括_____、_____、_____、_____、_____等。

图 7.1

二、看图做题

1. 请写出图 7.2 中序号 1~10 所指零部件的名称。

| | |
|---|---|
| 1. _____ | 2. _____ |
| 3. _____ | 4. _____ |
| 5. _____ | 6. _____ |
| 7. _____ | 8. _____ |
| 9. _____ | 10. _____ |

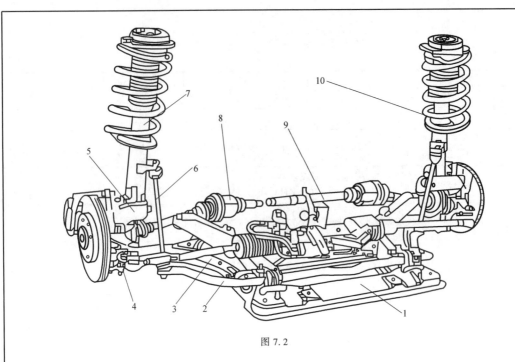

图 7.2

2. 请写出图 7.3 中序号 1~18 所指零部件的名称。

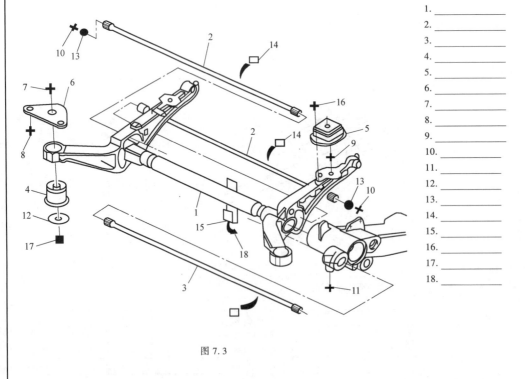

1. _____
2. _____
3. _____
4. _____
5. _____
6. _____
7. _____
8. _____
9. _____
10. _____
11. _____
12. _____
13. _____
14. _____
15. _____
16. _____
17. _____
18. _____

图 7.3

3. 图 7.2 中序号 8 和 9 所表示的部件是否可以左右调换？调换后，车辆在行驶过程中是否有异常现象？如果有,请描述出故障现象。

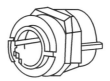

图 7.4

4. 图 7.4 中所示部件与_____相连接,其损坏形式是_____,损坏后的故障现象是_____。

5. 如果车辆在行驶过程中前轮轮胎磨损过快,请写出图 7.2 中哪些零部件可能损坏?

6. 车辆上某些零部件是一次性的,无论是否损坏,拆卸后必须进行更换。在拆卸了图 7.2 中的前桥之后,需要更换的零部件有哪些?

7. 请制订出爱丽舍轿车前桥拆装的工作计划。

8. 请制订出爱丽舍轿车后桥拆装的工作计划。

教师签字:_____

# 汽车拆装与调整实训工作页八

| 任务名称 | 悬架总成<br>拆装与调整 | 日期 | | 班级 | | 成绩 | |
|---|---|---|---|---|---|---|---|
| 小组成员 | | | | | | | |
| 教学设备 | 爱丽舍轿车、拆装专用<br>设备和工具等 | | | 实训场地 | | | |
| 学习目标 | 知识目标 | 1. 掌握拆装工具、调整工具的正确使用方法<br>2. 掌握悬架的结构及其各部件之间的连接关系 | | | | | |
| | 能力目标 | 1. 能够熟练地对悬架进行拆解与安装<br>2. 能正确调整悬架的高度并能判断出悬架所引起的故障 | | | | | |
| | 素质目标 | 1. 爱护车辆<br>2. 具有良好的安全意识、团队意识和环保意识<br>3. 具备 8S 工作规范 | | | | | |
| 工作任务 | 爱丽舍轿车悬架的拆装 | | | | | | |

一、请在实车上进行观察后制订出右前减振器的拆卸工作计划。

二、查找有关资料,完成下列判断题。

1. 前悬架中只要有一只减振器损坏,则两只前减振器应同时更换。(　　)

2. 前减振器常见的故障是漏油。(　　)

3. 前横向稳定杆支座在安装时是没有标记的,可以任意安装。(　　)

4. 车辆在行驶过程中,前横向稳定杆(铁制)在橡胶支座中轻微摩擦,长时间磨损会造成稳定杆变细,导致车辆在行驶过程中底盘发出沉闷异响声。(　　)

5. 在四轮定位参数中,只有前轮有前束,而后轮是没有前束的。(　　)

6. 在前轮定位参数中,只有前轮前束可以进行调整,而其他的定位参数是不能进行调整的。(　　)

7. 前减振器不影响前轮定位角。(　　)

8. 不同车型轮胎气压标准标签的粘贴位置是不一样的,爱丽舍轿车的轮胎气压标准标签粘贴在加油口的油箱盖上。(　　)

9. 后轮前束不对不会影响前轮跑偏。(　　)

10. 在拆装后横向稳定扭力杆时,应用模拟减振器进行后桥定位。(　　)

11. 爱丽舍轿车左右高度差≤5mm。(　　)

12. 为了防止后桥左、右扭力杆装反,应在两个扭力杆涂上油漆作为标记。(　　)

三、看图做题

1. 请写出图 8.1 中序号所指零部件的名称。

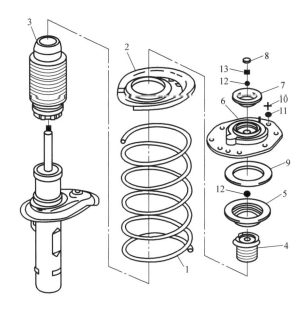

图 8.1

1. _____
2. _____
3. _____
4. _____
5. _____
6. _____
7. _____
8. _____
9. _____
10. _____
11. _____
12. _____
13. _____

2. 在图 8.1 中,序号 6 所指零件在安装时凸台应朝向_____。

3. 图 8.1 中,车辆在行驶的过程中,经常损坏的部件是_____。

四、请制订出后减振器拆装工作计划。

教师签字:_____

项目九 实训工作页

# 参考文献

［1］ 董继明.汽车拆装与调整［M］.北京:机械工业出版社,2010.

［2］ 张朝山.汽车拆装与调整［M］.北京:机械工业出版社,2003.

［3］ 孙志春.汽车拆装与调整［M］.济南:山东大学出版社,2011.

［4］ 董继明.汽车拆装与调整:理实一体化教程［M］.上海:上海交通大学出版社,2012.

［5］ 左效波.汽车结构及拆装［M］.北京:电子工业出版社,2015.

［6］ 游专.汽车底盘拆装与调整［M］.镇江:江苏大学出版社,2015.